中国古代建筑蕴含着自种植农业发生以来，中国文化最为核心的知识与思想体系。欲知吾国文化须知中国建筑，遗介团队以图文并茂的方式，深入浅出，为大众开启了一扇古建筑大门，功莫大焉。

——王军（故宫博物院研究馆员，故宫研究院建筑文化研究所所长）

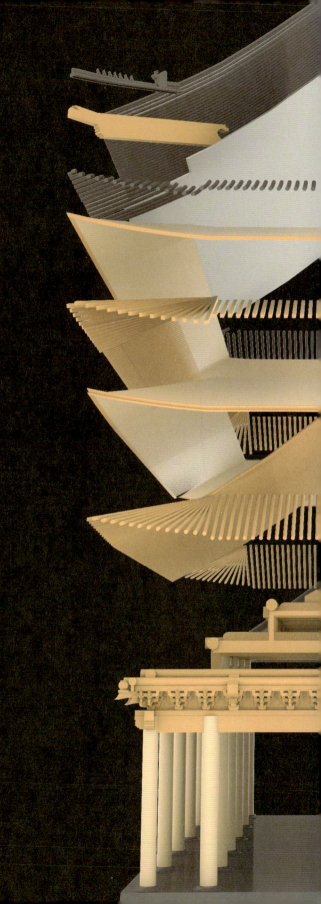

凡屋有三分：自梁以上为『上分』，地以上为『中分』，阶为『下分』。

——北宋《木经》喻浩

古建奇谈

打开古建筑

遗介 —— 编著

机械工业出版社

本书是一本中国古建筑科普图书，用活泼的语言使读者可以快速了解中国古建筑的发展。通过"××是如何演变的""如何欣赏一个××""××有话说"等问答方式，讲解中国古建筑的类型、历史、文化、欣赏方式等。同时结合二维码动图，将古建筑一一拆解，让中国古建筑"活"起来。

全书共分8章，从中国古建筑起源讲起，涵盖城池、宫殿、民居、坛庙、陵墓和园林6大类型，另有5种中国古建筑的趣味结构和构筑物等您发现。浅显易懂的图解形式搭配拆解动图，适合中国古建筑爱好者以及喜欢中国传统文化和遗产的大朋友小朋友阅读。

图书在版编目（CIP）数据

古建奇谈：打开古建筑/遗介编著．—北京：机械工业出版社，2021.6（2024.4重印）
ISBN 978-7-111-68023-9

Ⅰ.①古… Ⅱ.①遗… Ⅲ.①古建筑-介绍-中国 Ⅳ.①K928.71

中国版本图书馆CIP数据核字（2021）第068662号

机械工业出版社（北京市百万庄大街22号　邮政编码100037）
策划编辑：时　颂　　责任编辑：何文军　时　颂
责任校对：孙丽萍　　封面设计：鞠　杨
版式设计：鞠　杨　　责任印制：李　昂
北京联兴盛业印刷股份有限公司印刷
2024年4月第1版第4次印刷
169mm×239mm·16.5印张·238千字
标准书号：ISBN 978-7-111-68023-9
定价：119.00元

电话服务　　　　　　　网络服务
客服电话：010-88361066　机 工 官 网：www.cmpbook.com
　　　　　010-88379833　机 工 官 博：weibo.com/cmp1952
　　　　　010-68326294　金　书　网：www.golden-book.com
封底无防伪标均为盗版　机工教育服务网：www.cmpedu.com

序

中国古建筑是体现中华民族文明与智慧的宝藏，其中蕴含着历代先人的价值观及想象力。它一方面是我们中华民族生命力和创造力的重要见证，另一方面也是人类文明灿烂星河的重要组成部分。

自20世纪二三十年代起的近百年间，一代又一代的学者投身于研究中国古建筑的事业，取得了不少重要的成果，解读了中国古建筑所蕴含的许多奥妙与智慧，帮助世人来认识、理解和保护、传承这些先人留下的珍贵遗产。

当今，移动互联网的迅猛发展给知识信息的传播带来深刻的影响。我们处在一个知识分享的时代，知识的传播更直接，方式更加多元化。在这种形势下，像中国古建筑文化这类专业知识的传播和讲述方式，与专业知识的生产变得同样重要。

2017年，一群有志青年成立了"遗介"这个中国古建筑与建筑遗产保护科普团队。他们积极投身于当今信息分享传播中单一娱乐化向知识化升级的大潮中，致力于去做建筑遗产的专业知识与大众，特别是普通青少年之间衔接的媒介，采用大众易于接受的、新颖有趣的线上推送、线下媒体或科普课程等方式，向公众介绍建筑遗产相关知识，以及建筑遗产的价值及保护理念。

"遗介"团队编写的《古建奇谈：打开古建筑》一书，正是践行这一理念的一次尝试。在这本书里，专业性的、系统性的中国古建筑知识，经由这群年轻人的努力，转译为通俗化、可视化，甚至是带有娱乐性的信息，以易于公众理解的形式，寓教于乐的方式，解读中国古建筑中的智慧，展现中国古建筑的魅力。

希望本书能成为读者了解与认识中国古建筑，并体会其背后先人智慧的良好媒介，也希望"遗介"青年能够将更多蕴含于建筑遗产中的价值介绍、传播给更广泛的受众。

钱毅
于北京畅春园

前言

中国是历史悠久的文明古国，五千余年文明的积淀是今天文化自信的基础。我们的古老文明也是人类文明的重要组成部分，数千年来与其他文明不断交流、融合，形成了中华民族自身的文化传统，留给了我们灿烂的文化遗产。遍布各地的古建筑遗存正是中华历史文化生动、真实的见证。建筑学家梁思成先生曾经说过："建筑是历史的载体，建筑文化是历史文化的重要组成部分，它寄托着人类对自身历史的追忆和感情。"

中国古建筑专业化的知识体系建立于20世纪二三十年代，之后经过数代人的潜心研究，取得了更多解密中国古建筑的知识成果，奠定了中国古建筑领域的学术基础，也培养了众多的古建筑专家学者。但是，目前关于中国古建筑的优秀书籍多停留在专业领域，读者需具备一定古建筑知识基础方可理解。那些繁杂的古建筑构件名称，众多的古建筑类型，晦涩的专业术语，令众多历史文化和古建筑爱好者叫苦不迭。如今开放的网络资源提供了许多科普性质的中国古建筑知识，但互联网信息的碎片化又无法提供较全面的知识体系。

"遗介"团队三年来，致力于普及中国古建筑知识，宣传中国建筑遗产的价值。经过三年的摸索与总结，首创了以生动直接的古建筑拆解动图解读古建筑专业知识的方式，获得读者的一致好评。此次受机械工业出版社邀约，将"遗介"团队解读古建筑的生动方式推广到系统性的古建筑科普读物中，力求推出一本既具备一定专业性，又不失趣味性的古建筑科普书籍。希望广大读者能够通过这本书，走近古建筑，了解其中蕴含的智慧及魅力。

本书从中国建筑起源讲起，从新的视角解读宫殿、城墙、民居、坛庙、陵墓、园林这些常见的古建筑类型，并在书末增添大众读者颇感兴趣的斗拱、古桥、古塔、石窟寺、仙人走兽等相关古建筑知识。希望这本书能够为广大读者朋友开启了解中国古建筑的窗口，带领大家真正走进中国古建筑大世界，在那里你会发现中国古建筑在静静等待你探寻它的奥秘！

　　本书编写团队潜心研读前辈学者的古建筑著作，在编写本书的同时亦对中国古建筑有了更深的认知。本书编写人员中王威主要负责第一、五、六章的编写，骆凯主要负责第二、三、四、八章的编写，陈婉钰负责第七章的编写及本书统稿。感谢李雪力、刘雷老师、曹振伟、林燊、肖禹安、张悦琪、龙芸等为本书提供的优质原创摄影作品，感谢蒋晓璐、洪凡凡、张静、金明华、刘鑫宁、延陵思琪、琚京蒙、赵天宏、郭启辰、张屹然、林睿之、田艺、李天霓等人在资料收集、文稿校对、插图绘制方面做出的大量工作，感谢钱毅老师为本书的编写提出了诸多宝贵的意见，感谢中国建筑学会科普部对本书编写工作的大力支持，感谢"四名汇智"计划在成书过程中对遗介团队的创作协助，感谢机械工业出版社的时颂编辑对本书出版的鼎力支持。再次对本书形成过程中付出大量心血精力的师长、编辑和遗介团队的成员致以衷心的感谢！

　　我们的这本小册子无法和前辈们的专业著作相提并论，书中不免存在表述不准确、引证疏漏的地方，切望得到各位古建筑同行和专家的斧正。

骆凯
2020 年 8 月 11 日
于北京

第五章 中国古代坛庙 / 082

1 坛庙建筑,是什么? / 084
2 坛庙是如何演变的? / 086
3 如何欣赏坛庙? / 101
4 坛庙有话说 / 117

第六章 中国古代陵墓 / 118

1 陵墓建筑,是什么? / 120
2 陵墓建筑是如何演变的? / 126
3 如何欣赏陵墓? / 142
4 陵墓有话说 / 147

第七章 中国古代园林 / 148

1 园林,是什么? / 150
2 园林是如何演变的? / 151
3 如何欣赏中国园林? / 155
4 园林有话说 / 173

第八章 趣类 / 174

1 建筑力传导——斗拱 / 176
2 佛教塔千重——古塔 / 186
3 山中有大佛——石窟寺 / 193
4 天堑变通途——桥梁 / 212
5 屋顶有怪兽——脊兽与蹲兽 / 222

参考文献 / 230

序

前言

第一章 中国古代建筑起源 / 001

1 最早的房子,是什么?——从天然房到原始屋 / 002
2 建筑是如何演变的? / 004
3 如何"识别"古建筑? / 008
4 古建筑有话说 / 023

第二章 中国古代城池与防御建筑 / 024

1 城墙,是什么? / 026
2 城墙是如何演变的? / 026
3 如何欣赏古城池? / 028
4 城墙今何用? / 036
5 城墙有话说 / 037

第三章 中国古代宫殿 / 038

1 宫殿,是什么? / 040
2 宫殿是如何演变的? / 040
3 著名的宫殿有几个? / 052
4 如何欣赏一个宫殿?——故宫 / 054
5 宫殿有话说 / 061

第四章 中国古代民居 / 062

1 民居,是什么? / 064
2 民居是如何演变的? / 064
3 中国民居有几种? / 068
4 如何欣赏一个民居?——四合院 / 072

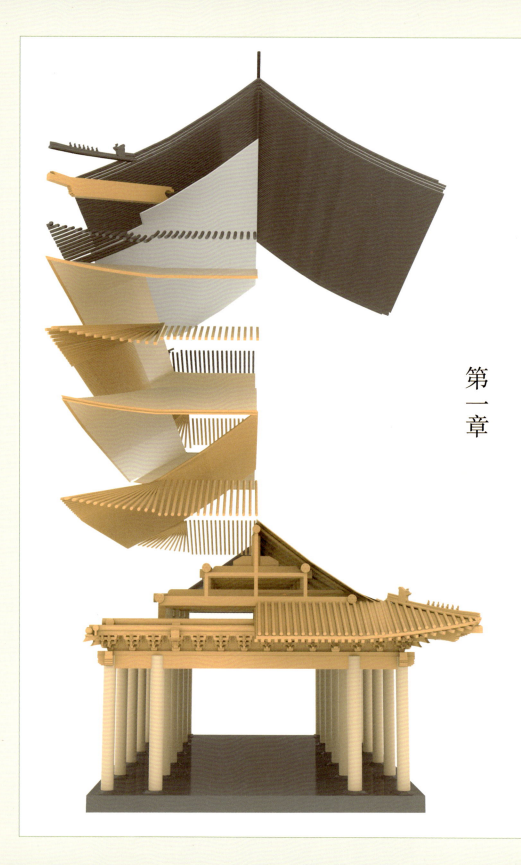

第一章

中国古代建筑起源

1. 最早的房子,是什么?——从天然房到原始屋 / 002
2. 建筑是如何演变的? / 004
3. 如何"识别"古建筑? / 008
4. 古建筑有话说 / 023

1 / 最早的房子，是什么？
——从天然房到原始屋

人类由古猿经过能人、直立猿人、早期智人和晚期智人等阶段进化而来。根据目前的考古发现，直立猿人已经学会了用天然岩洞作为住所。阴暗潮湿的自然洞穴并不舒适，于是人类逐渐开始走出洞穴。

早期智人聚集定居，他们使用原始的建造技术，将天然洞穴改造成了半人工的住所。新石器时代后，人类开始大量自建住所，基本摆脱了对自然洞穴的依赖。随着人类的进化，建筑也开始了漫长的演变历程。

原始洞穴（洪凡凡 绘制）

2 建筑是如何演变的？

早期社会，尤其是新石器时代，建筑形式差异与人类生存地的环境差异相关。在早期建筑的萌芽阶段，因地制宜地出现了最原始的两种建筑形式——"巢"和"穴"。到了仰韶文化晚期，人类逐渐学会了建造简单的地面建筑。

▎天然洞居——山顶洞

山顶洞居模型（中国国家博物馆馆藏 骆凯 拍摄）

在黄土崖或陡坡上向内挖洞

断崖上的横穴

洞穴，是最原始的一种居住方式。旧石器时代的人类虽然掌握了石器制作技术，但是还没有能力彻底改变恶劣的生存环境，野兽、洪水、异常气候都让他们的生活胆战心惊。他们只能借助天然洞穴筑起屏障，用火驱赶天敌。北京周口店的山顶洞遗址显示，当时的山顶洞人生活在天然洞穴中。

▎穴居建筑——半坡遗址

人类学会了仿照天然洞穴的样子，在黄土崖或陡坡上向内挖洞，形成横向的洞穴，称为**"横穴"**。但缓坡或平地上无法挖掘横穴，人类只得向地下挖掘洞穴，形成竖向的洞穴，称为**"竖穴"**。人类常在竖穴顶部铺盖植物茎叶，临时遮风躲雨。

由于竖穴房屋深且小，内部阴冷，出入不便，因此人们开始将竖穴逐步做浅，形成室内地面。同时，竖穴顶部也用树枝扎成木架，绑上茎叶形成伞状顶棚，逐步形成了墙体和屋顶结合为一体的建筑雏形——**半地穴建筑**应运而生。

半坡建筑复原模型
（中国国家博物馆馆藏 骆凯 拍摄）

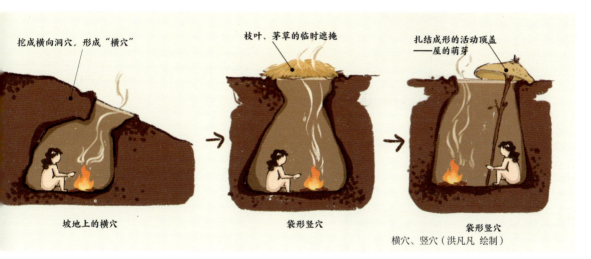

横穴、竖穴（洪凡凡 绘制）

后来，随着人类使用工具的能力提升，人类掌握了**搭建顶棚构架和木骨泥墙**的筑墙技术，屋顶和墙体逐渐独立成型，共同构成"避风雨，御寒暑"的围护结构。

如今我们很多地上建造的房屋都是源于此。距今 6000～6700 年的半坡遗址（位于今陕西西安）多为地穴或半地穴建筑。

木骨泥墙模型
（中国国家博物馆馆藏 骆凯 拍摄）

独木巢居

一棵树:"独木"

多木巢居

多棵树:"多木"

巢居(洪凡凡 绘制)

一 巢居建筑——河姆渡

南方原始地区,雨水充足、森林密布,生存环境危险重重。为躲避野兽,人类选择栖息于树上。而后为了避雨遮阴又开始搭建顶棚,逐渐形成了"一棵树上的建筑"——独木巢居。随后人们发现独木巢居空间狭小,活动不易,于是在相邻的多棵树中间搭设建筑,形成了"多棵树上的建筑"——多木巢居。

随着氏族社会的发展和生产力技术的提高，人们有了更多的建造经验和技术，开始在地面竖起木桩来代替天然的大树，在木桩上搭建房屋来代替原来的巢居。随着时间推移，逐渐形成了从树上到地上的建筑形式，如今我们称之为干栏式建筑。干栏式建筑架在木桩上，底端由几根架空的木柱支撑，以避开地面的潮气。在浙江河姆渡遗址（距今约7000～5000年前）和如今的南方少数民族地区，都可见干栏式建筑。

干栏式建筑模型（武汉园博园长江博物馆馆藏　骆凯　拍摄）

3 / 如何"识别"古建筑？

屋，是什么？

古建筑基本分为三部分——屋顶、屋身、台基。

> "凡屋有三分：自梁以上为'上分'，地以上为'中分'，阶为'下分'。"
> ——北宋《木经》喻浩

"凡屋有三分"最早出自于北宋《木经》一书中，现已无存。其中将古建筑分为了"上""中""下"三部分，这三部分形成了中国传统建筑的"三段式"。整个建筑可概括为屋顶、屋身、台基三部分，就像是一个戴着帽子的人。

上部分即房梁以上的屋顶部分，就像是古建筑的帽子，也是人们看到古建筑时，最先会注意到的重要部分。中部分即地面以上的建筑外墙、门、窗、柱等。屋身的墙体部分可分为山墙、檐墙、隔墙、槛墙等多种不同类型。但常见民居的墙体构成主要不外乎两大部分，即顺着房屋开间方向、位于房屋前后檐柱处的檐墙，以及位于房屋两侧、沿着房屋进深方向砌筑的山墙。下部分即台基部分。

"一屋三分"（陈婉钰 绘制）

屋脊、屋面、山墙（陈婉钰 绘制）

"位于房屋之两端，依边而筑者，称山墙。"
——《营造法原》

第一章 中国古代建筑起源

天坛祈年殿轮廓（骆凯 绘制）

四角攒尖顶　01

▌屋顶，是什么？

古建筑的屋顶，往往是我们对一座古建筑最直接的印象。比如说到天坛，你脑子里肯定会出现一个轮廓。

我们的生活中，有些屋顶是你肯定见过的，他们是最为常见的几种屋顶样式。

> **小知识** 屋顶的等级序列。
> **庑殿式 > 歇山式 > 悬山式 > 硬山式**。卷棚顶与攒尖顶经常见于园林中，但也有故宫中和殿此类例外，因此此处不讨论卷棚顶与攒尖顶等级。
> **重檐 > 单檐**。重檐顶等级高于单檐顶。

歇山顶　06

07

常见古建筑屋顶样式

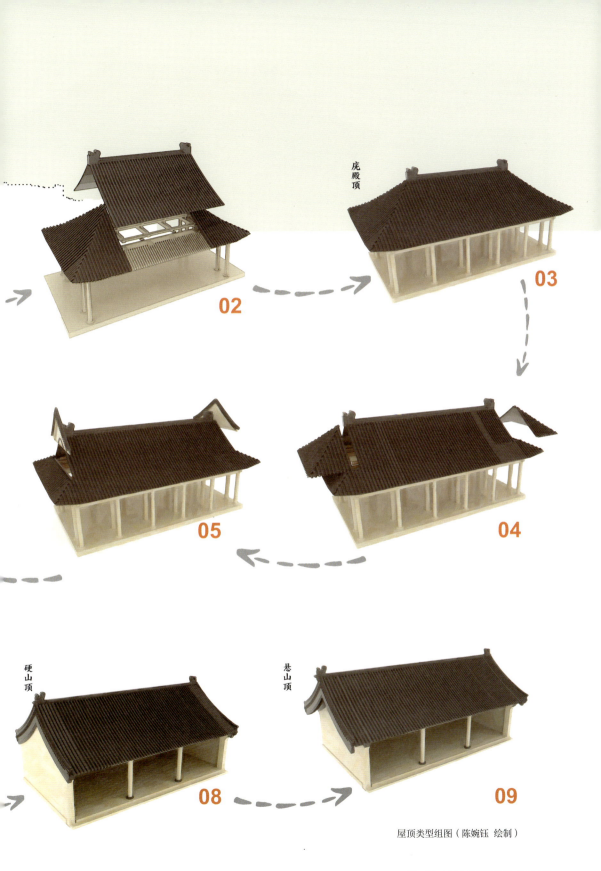

屋顶类型组图（陈婉钰 绘制）

庑殿顶
（wǔ）

小知识 根据资料记载，庑殿顶早在殷商时代就有。但唐中期以前的庑殿顶具体结构现已不可考，晚唐以后有实例可查。宋代称为"吴殿顶"，也称为"四阿殿顶"。明清时期，改称为"庑殿顶"。现在我们看到的很多庑殿顶建筑都是明清时期的。

庑殿顶（陈婉钰 绘制）

庑殿顶有五条脊，一条正脊和四条垂脊，前后左右共四个斜坡面。可考的最早的庑殿顶，屋面曲线平缓，正脊较短，正脊两端的鸱吻形象为鸱尾而非鸱首。比如梁思成和林徽因发现的佛光寺东大殿。

唐代佛光寺东大殿模型
（中国国家博物馆馆藏 骆凯 拍摄）

"阿"是建筑屋顶的曲檐，"四阿"就是四面坡式的曲檐屋顶。

最尊贵的建筑才可以使用庑殿顶，太和殿的重檐庑殿顶，就是中国古建筑屋顶中的最高级。

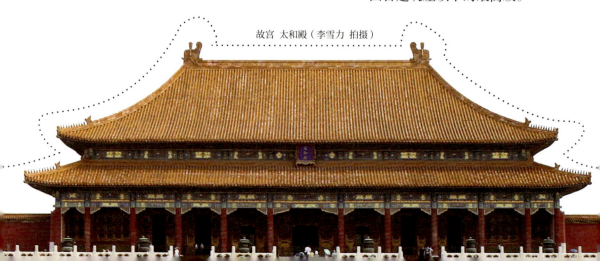

故宫 太和殿（李雪力 拍摄）

歇山顶

歇山顶（陈婉钰 绘制）

小知识 戗脊就是屋顶最边缘分岔的那四条比较短的脊，山花就是歇山顶左右两侧与坡面衔接的三角形区域。

小卡片 名字记不住？可以想象一个人要爬屋顶这座山，爬了一半山坡非常累，歇了一会以后，速度直线上升立刻就到达山顶，于是这座山叫歇山顶。

歇山顶有九条脊，一条正脊、四条垂脊和四条戗（qiàng）脊，前后左右也有四个坡面，左右两个坡面比庑殿顶的要低。

小知识 清代之前，歇山顶也称为"曹殿""汉殿""厦两头造"等名。明清时期官方建筑开始出现大歇山，"歇山"这一叫法在清代开始。

根据文献和资料显示，此屋顶最早见于汉阙石刻。当时的歇山顶较小，现在我们能看到的歇山顶外形接近唐代的歇山顶。如我国现存最早的唐代建筑南禅寺大殿，就是一座唐代歇山顶建筑。

歇山顶比庑殿顶低一个等级，一般在仅次于庑殿顶等级的建筑上，如宫殿和庙宇中的大殿。大家都爱的北京天安门，就是重檐歇山顶。

唐代南禅寺模型
（中国国家博物馆馆藏 骆凯 拍摄）

小知识 重檐，就是两层或两层以上的屋檐。一般来说，重檐大多是指在一层建筑上有两层或两层以上的屋檐。重檐屋顶的"重檐"，可以是上下屋檐平面相同的，也可以是上下屋檐平面不同的。

天安门城楼（骆凯 拍摄）

悬山顶

正脊　垂脊　垂脊

悬山顶（陈婉钰 绘制）

> **小知识**　悬山顶是两面坡屋顶的早期做法，宋代时称为"不厦两头造"，清代称"悬山""挑山""出山"。

悬山顶有五条脊，一条**正脊**和四条**垂脊**，前后两个坡面。它的特点在于：屋顶大山两侧超出山墙，屋顶两侧悬在山墙外，因此得名"悬山顶"，有时被称为"挑山顶"。

悬山顶建筑等级较歇山顶建筑低，中国古代的重要建筑极少有使用悬山式屋顶，特别是唐代以前尤为少见。悬山顶建筑多见于民间建筑，或作为庙宇、宫殿建筑群中的附属建筑。因其有利于防雨，所以在南方民居更为普遍。

悬山顶（李雪力 拍摄）

> **小知识**　博缝板，悬山顶建筑悬在外的檩木，会受到雨水侵蚀，腐朽加速，因此出现了博缝（风）板这块木头。挑出的檩木端头用博缝板挡起来，暴露的木头得以掩盖和保护。博缝板长随椽长，按步架分块，随屋面举折安装，成弯曲的形状。

硬山顶

硬山顶（陈婉钰 绘制）

小卡片 名字记不住？屋顶与山墙生硬交接，即为硬山顶。

小知识 宋代建筑巨著《营造法式》一书中没有关于硬山顶的记载，现也无存宋代硬山顶建筑遗物。由此推断，宋代及以前并没有硬山顶。明、清时期开始，硬山顶广泛出现。

硬山顶有五条脊，一条<u>正脊</u>、四条<u>垂脊</u>，前后两个坡面。硬山顶左右两侧的山墙与屋面直接相交，将所有内部梁架檩木包住。

硬山顶是古建筑中最普遍的屋顶式样，住宅、园林、寺庙都大量存在。

沈阳故宫关雎宫（骆凯 拍摄）

沈阳故宫崇政殿（一）（骆凯 拍摄）

攒尖顶

半地穴（古建筑博物馆馆藏 骆凯 拍摄）　　攒尖顶（陈婉钰 绘制）

攒尖顶，顶端为尖，上有宝顶，没有正脊。其他脊的数量随建筑平面墙的边数而定，有圆攒尖、四角攒尖、六角攒尖、八角攒尖等。攒尖顶的雏形在原始社会北方建筑中已经初见端倪。

> **小知识**　攒尖顶在汉代出现，宋代称为"斗尖顶"，明清时期的建筑物中较多见。

故宫中和殿（李雪力 拍摄）

攒尖顶在等级较高的建筑中可见，如北京故宫中和殿，天坛祈年殿等。在亭、阁、塔类建筑中较为多见，如北京颐和园廓如亭等。

天坛 祈年殿（骆凯 拍摄）

卷棚顶

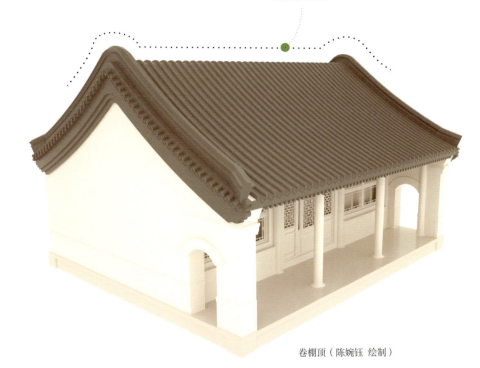

正脊处为弧形

卷棚顶（陈婉钰 绘制）

颐和园谐趣园建筑群（李雪力 拍摄）

　　卷棚顶没有正脊，因其正脊处是弧线形的曲面而得名。根据屋顶其他位置样式，分为卷棚歇山顶、卷棚硬山顶、卷棚悬山顶等。其中，卷棚顶常用于宫廷、寺院附属建筑和园林中的亭、轩、廊、榭等。如北京颐和园中的谐趣园，屋顶形式基本全部为卷棚顶。

较为少见的屋顶

拙政园与谁同坐轩（张静 拍摄）

（1）扇面顶。扇面顶是扇面形状的屋顶，前后檐都是弧形，且弧线前长后短，前檐大于后檐，一般都应用于小型建筑。

岳阳楼（林燊 拍摄）

（2）盔顶。"盔顶"因形象类似战士头盔而得名，顶和脊大部分为凸出弧线。屋顶最高处中心为宝顶，像是头盔上插的缨穗或帽翎。盔顶现存并不多，岳阳楼是其中之一。

先农坛神厨井亭（骆凯 拍摄）

（3）盝[lù]顶。盝顶较难见到，是坡屋顶家族里的平屋顶，有四条正脊围成平顶，四面再接坡面，四角各有一条垂脊向下斜伸。盝顶在金、元时期比较常用，元大都房屋多为盝顶。明、清两代也有很多盝顶建筑，如明代故宫的钦安殿，清代瀛台的翔鸾阁，以及许多井亭。

（4）穹窿顶。"穹窿"指天空，也指高起成拱形的建筑，外观像是倒扣的球形或多边形，所以也被称为"圆顶"。常见的伊斯兰建筑多为穹窿顶。

西宁市东关清真大寺（张悦琪 拍摄）

藏族建筑平顶（李雪力 拍摄）

（5）藏族平顶。藏式屋顶均为平屋顶，多用土石材料修筑，四周多用边玛草砌筑起的边玛墙围合。在吐蕃时期，平屋顶已是常态。

> "国都城号为逻些城，屋皆平头"。
> ——《旧唐书·吐蕃传上》

布达拉宫（李雪力 拍摄）

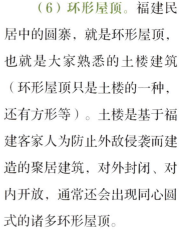

（6）环形屋顶。 福建民居中的圆寨，就是环形屋顶，也就是大家熟悉的土楼建筑（环形屋顶只是土楼的一种，还有方形等）。土楼是基于福建客家人为防止外敌侵袭而建造的聚居建筑，对外封闭、对内开放，通常还会出现同心圆式的诸多环形屋顶。

环形屋顶（金明华 陈婉钰 绘制）

客家土楼（刘雷 拍摄）

（7）组合式屋顶

1）方胜亭。"方胜"一词指双菱形，两个方形相叠的亭子即为方胜亭，屋顶由两个四角攒尖顶相交形成。

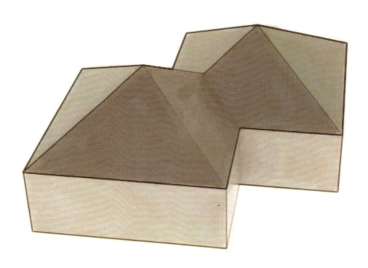

方胜亭

方胜亭（刘鑫宁 陈婉钰 绘制）

2）勾连搭屋顶。勾连搭屋顶，是一种巧妙扩大古建筑空间的方法，在需要大空间的建筑上多采用勾连搭屋顶。如汉地的伊斯兰礼拜堂多是勾连搭屋顶。

勾连搭屋顶（陈婉钰 绘制）

沈阳故宫继思斋（骆凯 拍摄）

3）"卍"（万）字顶。"卍"字纹是我国古代装饰中的一种纹样，"卍"读作"万"，代表"万事如意""万寿无疆"等。有一些建筑的平面和屋顶也采用"卍"字形，如北京圆明园中的"万方安和"。

万方安和

"卍"（万）字顶（刘鑫宁 陈婉钰 绘制）

圆明园四十景的"万方安和"

4)**藏汉结合屋顶**。将藏式平顶与汉式各类屋顶结合,是藏汉文化交流的实证。如北京香山昭庙,承德小布达拉宫——普陀宗乘之庙等。

藏汉结合屋顶

藏汉结合屋顶(金明华 陈婉钰 绘制)

承德小布达拉宫——普陀宗乘之庙(陈婉钰 拍摄)

午门组合屋顶(王威 陈婉钰 绘制)

午门组合屋顶

5)**故宫午门组合屋顶**。午门是紫禁城的正门,五座主要建筑呈五峰凸起状,俗称"五凤楼"。整个午门的屋顶,其实是很多基础屋顶的组合体。正中的门楼为重檐庑殿顶,东西各一个庑殿顶的庑房,环抱的城台四角,各有一个重檐攒尖亭,中间还有两处两面坡连廊。

6）故宫角楼组合屋顶。 故宫角楼，是公认的屋顶最为精美的建筑之一，是一座四面"凸"字平面组合的多角建筑。屋顶可分为三层，上层为两个歇山顶"十"字交叉，中层为四个不完全的重檐歇山顶交接，下层檐为一环半坡顶的腰檐，使上两层的屋顶形成一个复合式的整体，体现了我国古代工匠的高超技艺。

角楼屋顶（王威 陈婉钰 绘制）

角楼模型（北京规划展览馆馆藏 骆凯 拍摄）

古建筑有话说

提起中国古建筑，往往人们的第一印象就是各式各样的屋顶。但这些屋顶到底是什么，恐怕没有多少人能说出来。古建筑屋顶家族也被叫成了大屋顶，可真是最熟悉的陌生人了。作为中国古建筑的代表性标志，屋顶的造型、色彩和装饰都是中华经典文化经数千年演变后的体现，凝聚的是多个民族共同创造的高超技艺！

第二章

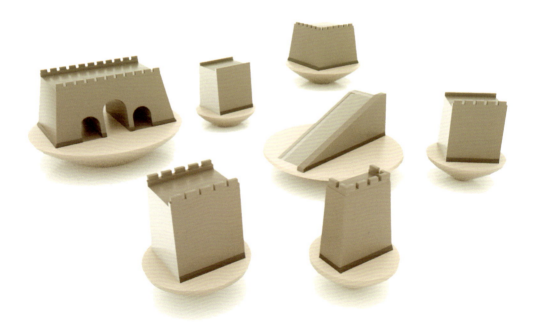

中国古代城池与防御建筑

1. 城墙，是什么？/ 026
2. 城墙是如何演变的？/ 026
3. 如何欣赏古城池？/ 028
4. 城墙今何用？/ 036
5. 城墙有话说 / 037

1 / 城墙，是什么？

人为了生存，会有聚居生活，也会有冲突战争。古人聚居生活的一座城内，往往宫殿、衙署、民居等各类建筑与配套设施齐全，如何在战乱纷繁的年代护卫自己的城便成了重中之重。

每个中国城池的千年护卫就是城墙。城楼、城门、马面、马道、角楼、垛口，每一个城墙的部位，在千百年的反复实践中，逐渐组合成人们所生活的城池最坚固的护卫。

城墙（陈婉钰 绘制）　　城墙

2 / 城墙是如何⋯

壕沟防御（郭启辰 骆凯 绘制）

❷ 成长期

战国时期，各国征伐。为抵御侵略，燕、赵、魏、秦四国纷纷筑起各自的国墙。秦始皇统一六国后，连接燕、赵、秦三国城墙，形成了举世闻名的"万里长城"。自此，防御墙体系大规模使用。汉代至唐代以前，城墙体系逐渐完善，到唐宋时期，城墙设施已经步入规范。

1901年的北京正阳门城墙（选自《小川一真摄影集

1. 诞生期——从新石器时代到周代

城墙，萌芽于新石器时代。

城墙的诞生源于早期的人类聚居，各个部落为避免自己的领地被侵占，在聚落周围挖掘壕沟，抵御外敌入侵（记载于距今 6000 年的仰韶文化和龙山文化中）。此时聚落的"围墙"，其实是壕沟。

后来，随着生产技术发展，聚落变为城市，壕沟已经不能满足防御需求。于是，人们开始向上堆砌墙体，城墙就此诞生。在今湖南省发现的、距今约 6000 年的汤家岗遗址，可见与壕沟配合使用的"土堆"。这种围墙形式叫作"环壕土围"，是城墙的早期雏形。

壕沟御敌

……元代时，蒙古骑兵自信无人能挡，对城墙疏于维护。到了明代，朱元璋掀起全国建城浪潮，不管是长城还是城墙，均采用更加坚固、更加完备的材料和技术建造，此时的城墙建造技巧和规模已达到成熟。

慕田峪长城（牛沛龙 拍摄）

> **小知识**　《武经总要》《修城法式条约》等书详细记载了关于当时城墙城门、瓮城马面、弩台、吊桥水门等防御设施的相应制度和做法。

3. 落魄期

清代，人们不再建设新的城墙，只对明代遗留的城墙进行补修。鸦片战争后，城墙逐渐失去防御功能。20 世纪初，高大的城墙立在城市中，被认为阻碍了城市建设和交通，各个地方均开始了城墙的拆除。

3 / 如何欣赏古城池？

墙体

墙体，是城墙最主要的结构。城墙建造之初，仅仅用土建造，结合脚手架施工，这种建造方法称为"夯(hāng)土版筑"，这种夯土城墙，可千年不塌。

自汉代起，人们开始用砖将土城墙包砌，增强坚固性的同时还能防止雨淋。明代时，制砖技术成熟，且战争中多用火炮兵器，因此基本均为砖包土城墙，另外一些石头多的地方也会用石头包土城墙。

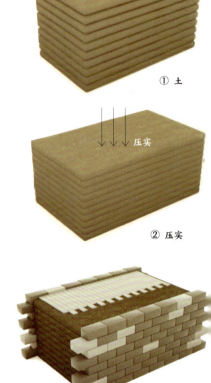

① 土
② 压实
③ 用砖包砌

夯土版筑

夯土版筑示意图（陈婉钰 绘制）

女墙

女墙，指城墙上内外两侧高起的矮墙。内侧的称为"宇墙"，为防止有人跌落建造；外侧的称为"垛墙"，古时称为"雉(zhì)堞(dié)"，锯齿状墙体是战时的挡墙。垛墙上的锯齿状缺口称为"垛口"。垛口用来射击和瞭望，一些孔洞是射击孔。城墙内部不需要射击，所以内墙上一般没有垛口。

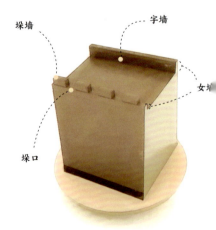

女墙和垛口（陈婉钰 绘制）

城墙垛口（骆凯 拍摄）

> **小知识** 女墙为什么叫"女"墙。《辞源》中说，女墙指的是城墙上呈凹凸形的小墙；《释名·释宫室》说："城上垣，曰睥睨，……亦曰女墙，言其卑小比之于城。"意思是说古代女子卑小，城墙上的小墙因此取"女"与小的意思，称为"女墙"。宋代《营造法式》也有"言其卑小，比之于城若女子之于丈夫"的记载。至今，现代建筑上的女儿墙其实就是由古代的女墙转化而来。

马面

马面是城墙外侧向外突出的方形墩台，既用于在侧面瞭望和辅助城墙正面的士兵作战，也是对正面城墙的支撑加固。个别城墙的马面上建有敌楼。两个马面之间的距离一般为两个马面上弓箭射击的距离之和，这样确保射击时的辐射范围。

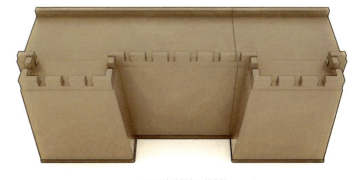

马面（陈婉钰 绘制）

> "予曾亲见攻城，若马面长，则可反射城下攻者，兼密则矢石相及，敌人至城下，则四面矢石临之。"
> ——沈括《梦溪笔谈》

马道

马道(陈婉钰 绘制)

马道是人或运输物料的马登城墙时的斜坡,一般设在城内路口等交通方便处。马道紧贴城墙向上,坡度可达15°~30°,有时两条相对呈"八"字形。一座城墙中马道的数量要根据城池大小而定。

南京中华门城墙的马道(龙芸 拍摄)

城门

城门是设在城墙上的出入口。一座城有2~14个城门,城门的位置和个数由城内外的交通、城池的防御环境决定,通常会在城池四周开设。城门处的城墙会突出一个城台,开设门洞。一个城门有1~5个门洞,最初的门洞为梯形,宋元时期演变为拱券形。

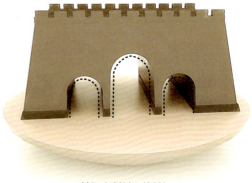

城门(陈婉钰 绘制)

宛平城瓮城城门（现北京市丰台区卢沟桥东侧 骆凯 拍摄）

小知识 城门是城池的出入口，也是城墙最易被外敌入侵的部位，因此自古以来对城门的防御便是重中之重。在《墨子·备城门》中，墨子对筑山临攻、钩梯爬城、冲车攻城、云梯攻城、填塞城沟、决水淹城、隧道攻城、穿突城墙、城墙打洞、如蚁一般密集爬城、使用蒙上牛皮的四轮车、使用高耸的轩车等十二种攻城方式进行了说明。

根据记载，周代已出现悬吊城门。南宋的《德阳守城录》建议，城门设三道门扇，上方城楼设暗板，揭去暗板可从上向下投掷石头来增强防御。明清的城门为抵制炮火攻击，门扇均包锭铁叶，或有上下启闭的千斤闸，用以增强防御。

城楼

城楼是城门上的楼，它既标志了城门的位置，又可以观察出入城的人。城楼建筑一般为1~2层，汉唐以前是门阙（què）形象，在城楼两侧有望楼。起初，城楼大多是木结构，随着明清时期火器发展，为抵御火器攻击，城楼改成了耐火的砖石材料。现在可见到的是砖木结构城楼，如北京城的正阳门城楼。

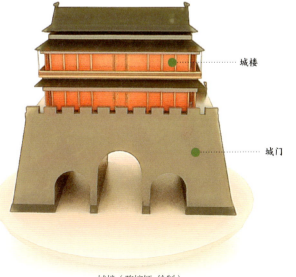

城楼（陈婉钰 绘制）

瓮城

瓮城（陈婉钰 绘制）

瓮城是在城门外建造的又一座小城。瓮城可以看作城门的"防弹衣"，敌人攻入瓮城门后，城墙上的士兵就可以"瓮中捉鳖"了。

瓮城的城门与正门错开，多为向左或向右拐。瓮城的个数根据城池的防御环境确定，形状有方形、梯形、半圆形等。瓮城在汉代出现，宋代普遍化，发展到后期出现多种样式。如南京中华门瓮城，一反常态设置在城门内，为了增强防御甚至设置多重瓮城。

南京中华门瓮城（龙芸 拍摄）

箭楼

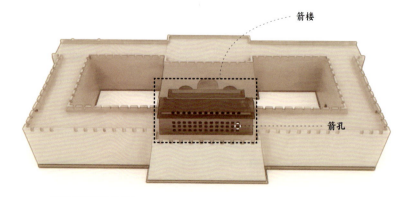

箭楼（陈婉钰 绘制）

箭楼是瓮城上的城楼，是城墙的主要屏障。箭楼朝外的墙上布有密布的箭孔，士兵可以从孔中向外射箭。

北京正阳门箭楼（骆凯 拍摄）

角楼

　　角楼是位于城墙转角的楼，可同时瞭望两个方向的敌情。根据实际环境和战略需求，角楼有不同的形式，也有的城墙上不设角楼。比如北京城墙的东便门角楼像箭楼，可瞭望、可攻击；而故宫的角楼则是战斗功能次之，檐角精美。也有人说，角楼之名，是因28星宿之一的"角宿"居住在内，护卫城池，故名角楼。

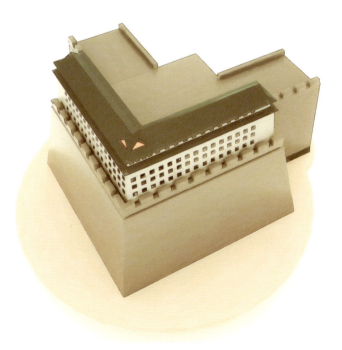

角楼（陈婉钰 绘制）

护城河

护城河是围绕在城墙外的一条河,作防御之用。高墙深道(城墙与河道)是修筑城池的目标。挖掘护城河的土是城墙材料的主要来源,护城河水是城内居民重要的生活用水来源。

明代项中在《新开通济渠记》中记载了护城河的重要:"城贵池深而水环,人贵饮甘而用便,斯二者亦政之首也。若城池无水,则防御未周,水饮不甘,则人用失济。"

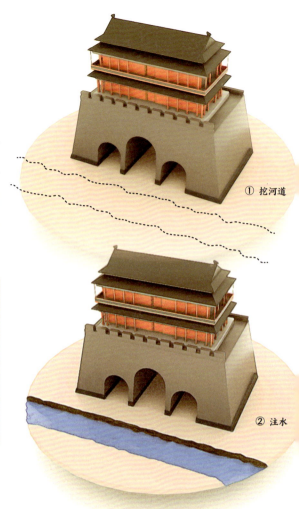

① 挖河道

② 注水

护城河(陈婉钰 绘制)

藏兵洞

藏兵洞多出现在瓮城城墙内侧,是城墙内侧的砖券门洞,对瓮城和城门的保护起再次增强作用。战时,士兵们可以在藏兵洞中休息或者用于存放物资。

南京中华门城墙上的藏兵洞 (陈婉钰 拍摄)

水关

城中需水，就要经过城墙引河入城，在城墙上给这条水特开的门就叫作"水门"，水门上建城楼即为"水关"。水关不但负责引水，也有运输和交通作用。最重要的防御也要做好，因此水门的门扇用的是铁栅栏。历史上有水关的城墙很多，如南京的东水关和苏州阊门水关。

苏州阊门水陆城门的水城门（骆凯 拍摄）

关城

城池修建结束后，用地就是固定的了。随着城市人口不断增多，用地紧张，有些百姓开始紧邻城门居住在城外。久而久之形成聚居，再修筑上城墙，这就是关城。关城不但可以扩大城池面积，更是主城门的又一道防御。东南西北关城被称为：东关、南关、西关、北关。

扬州 东关城楼（骆凯 拍摄）

4 城墙今何用？

知道了这么多城墙的秘密，想必你心里还是放不下城墙拆不拆的事情。其实这么多年，城墙拆与留的剧烈争论，极大促进了我国城墙的保护工作日臻完善。这么多年来，正是各地对城墙的保护，才让我们有机会一睹各地城墙的风采。

关于城墙的利用，其实70多年前，梁思成就已提出方案。当时梁思成的方案里，就已经有了城墙公园的概念：将一个人们认为的高墙，改造成一座人们可以观赏北京城、又可以休憩的综合环城公园。

如今，快70年过去了，城墙也开始了新生。1983年西安城墙开始改造，现在变成西安人的城墙公园，跟着一句歌词火遍全国："西安人的城墙下是西安人的火车，西安人不管到哪儿都不能不吃泡馍。"

西安的城墙经过修复与复原，与周围环境一同形成功能齐全的环城公园。在不影响交通的情况下，成了十三朝古都西安的骄傲。而在长江以南，南京明城墙作为京师级的城墙，同样也做出表率，城墙公园也建设得有模有样。

南京城墙的保护利用（龙芸 拍摄）

梁思成的城墙公园方案（选自《梁思成全集》）

城墙有话说

> 已经消失的历史建筑不会再回来，我们普通人除了心痛还能做什么呢？建筑遗产的保护，从来都不是专家和从业者专属的工作，而是我们这有着悠久血脉的文化民族本该做的事情。保留的城墙不应该成为城市发展的累赘，一味去吞噬修补资金，正确的做法应该是去把这优秀的城市资源利用起来。历史建筑们也想在闪烁光辉的同时，能够自力更生！

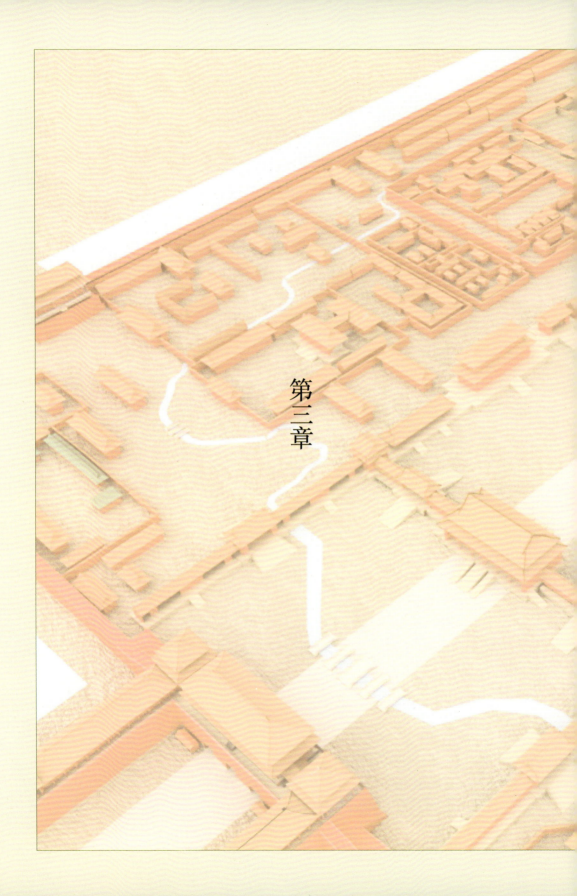

第三章

中国古代宫殿

1 宫殿，是什么？／040
2 宫殿是如何演变的？／040
3 著名的宫殿有几个？／052
4 如何欣赏一个宫殿？——故宫／054
5 宫殿有话说／061

1 / 宫殿，是什么？

一座宫殿，一个时代。作为古代皇权的象征，宫殿的秘密始终吸引着后人探寻。

在最开始，"宫殿"并不只属于皇帝，普通人的房子也称为"宫"。在秦始皇统一中国后，宫殿一词才专属于皇帝。举行典礼仪式或处理政务的建筑称为"殿"，给皇帝生活起居使用的建筑称为"宫"。

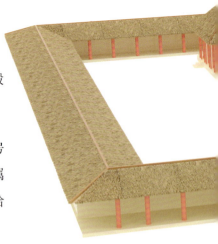

2 / 宫殿是如何演变的？

❶ 大房子——原始公共建筑

新石器中晚期，原始聚落都有中心广场，广场上的建筑总有一个最大的，考古学家称它为"大房子"。大房子被其他小建筑包围，它的建筑规模与工程质量最高，用来给弱势人群居住或聚落集会。在中国的半坡、姜寨等遗址中都发现过"大房子"，这是距今所知最早的公共建筑。

后来社会阶级分化，人们的房子也开始变化，普通人和奴隶们住进了更原始的穴居、半穴居建筑，而统治者们则住进了高大华丽的建筑。原本是公共福利的大房子被统治者据为己有，慢慢变成了宫殿性质的建筑。

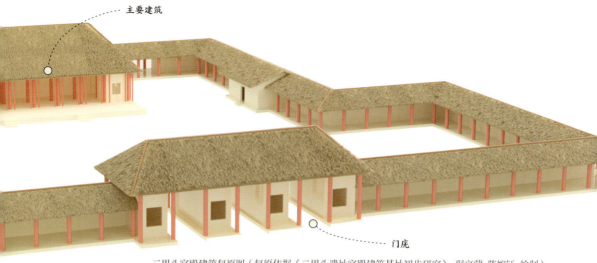

二里头宫殿建筑复原图(复原依据《二里头遗址宫殿建筑基址初步研究》 琚京蒙 陈婉钰 绘制)

② 二里头遗址

二里头宫殿建筑群是我国迄今为止发现的最早的宫殿遗址,具体属于夏还是商早期学术界还在争论。二里头宫殿建筑群由一圈廊庑环绕,是一个东北缺角、100米见方的院落。前方是门庑,中后部为主要建筑,东北角为厨房,四周回廊有内廊与外廊。门庑建筑一共四个房间,房间大小不同,是守门人的栖身所。二里头宫殿建筑群遗址的功能在学术界仍有朝堂、王宫、宗庙等众多猜测。

半坡遗址"大房子"复原图
(复原依据《宫殿考古通论》 张静 绘制)

3 秦咸阳宫

战国时,秦国都城就已在咸阳。前221年,秦始皇灭六国实现统一。每攻破一个诸侯国,秦始皇就会仿造诸侯国的宫殿,这使得咸阳宫的规模在秦始皇和秦二世时期不断扩大。

一号宫殿遗址

根据考古，咸阳宫建在高且平的北陵上，象征天帝紫微宫，渭水穿城而过，象征天上的银河。宫殿整体为"凹"字形，都是土木混合的高台建筑，两侧建筑有飞阁复道与主殿相连。天人合一的选址思想与高大宏伟的宫殿形象，体现了秦始皇对神仙思想的无尽追求。

今可考咸阳宫猜想复原图（复原依据《秦咸阳宫第一号遗址复原问题的初步探讨》 洪凡凡 绘制）

④ 汉未央宫

汉未央宫是大汉帝国的第一座宫殿群，是中国历史上最大的宫殿建筑群之一。汉高祖七年（前200年）时由萧何监造，建设在长安西南的龙首原之上，时人又称"西宫"。古籍记载未央宫殿堂不下40座，总占地面积约5平方千米。

未央宫为中国两千多年的宫城建筑奠定了格局基础，而后的新莽、西晋、前赵、前秦、后秦、西魏、北周等多个朝代，也继续使用未央宫作为理政大殿。未央宫是中国历史上使用朝代最多、存在时间最长的宫殿建筑。

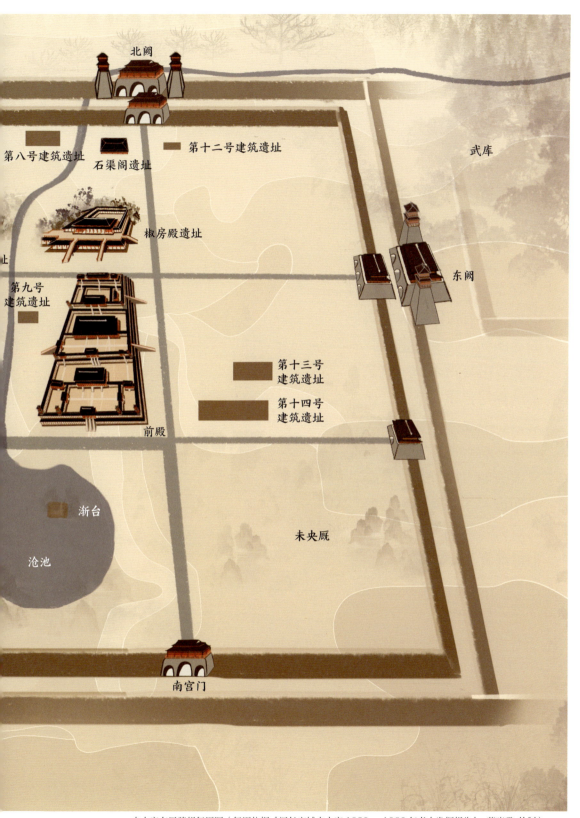

未央宫布局猜想复原图（复原依据《汉长安城未央宫 1980～1989 年考古发掘报告》 蒋晓璐 绘制）

5 汉建章宫

汉太初元年（前104年）因柏梁殿焚毁，大臣勇之向汉武帝进言修建新宫，汉武帝便下旨在长安城外、未央宫以西修筑建章宫。

建章宫与未央宫、北宫有飞阁辇道相通。除大殿外，更有虎园、狮子园圈养动物，也有太液池、蓬莱三山等用来满足汉武帝的仙居追求。至此，建章宫、未央宫、长乐宫、桂宫、北宫在长安城中组成庞大的宫殿群。汉武帝时期掀起了秦始皇之后的宫殿营造高潮，理念却依旧追求着未变的神仙思想。

建章宫猜想复原图（建筑形象复原依据《关中胜迹图志》蒋晓璐 绘制）

大明宫猜想复原图（复原依据《唐大明宫丹凤门复原研究》 洪凡凡 绘制）

❻ 唐大明宫

唐初皇家宫殿为隋大兴城改建的长安城。贞观八年（634年）因主殿太极殿低洼多雨，不宜居住，李世民为父亲李渊建永安宫。唐高宗时将永安宫重建，改名大明宫，从此取代太极宫成为鼎盛大唐几百年的政治中心。

含元殿

栖凤阁

大明宫平面为不规则长方形，中轴线绵延数里将宫中的含元殿、宣德殿、紫宸殿等串联，左右翔鸾与栖凤等阁、殿基本对称。大明宫的中轴对称、三大殿制、宫门形制等，直接影响着中国后期宫殿建筑布局和形制，直至清代，我国宫殿依旧延续着这样的布局方式。

丹凤门

7 明清故宫

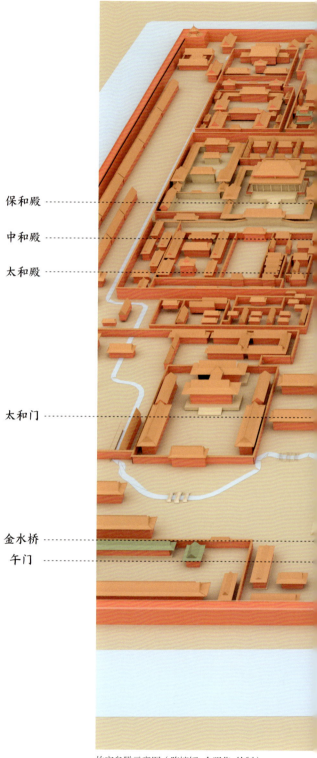

保和殿
中和殿
太和殿

太和门

金水桥
午门

如今我们说的故宫指的是北京故宫博物院，也就是明清时期的皇家宫殿——紫禁城。明永乐四年（1406年），明成祖朱棣从南京迁都，以南京故宫为蓝本，用时14年建成北京城和紫禁城。清入关后，继续沿用了明代紫禁城宫殿的总体布局，很多建筑是由明代建筑改建或增建，甚至很多宫殿依旧是明代的。明清故宫是现今世界最大、保存最完整的木结构宫殿建筑群。

故宫鸟瞰示意图（陈婉钰 金明华 绘制）

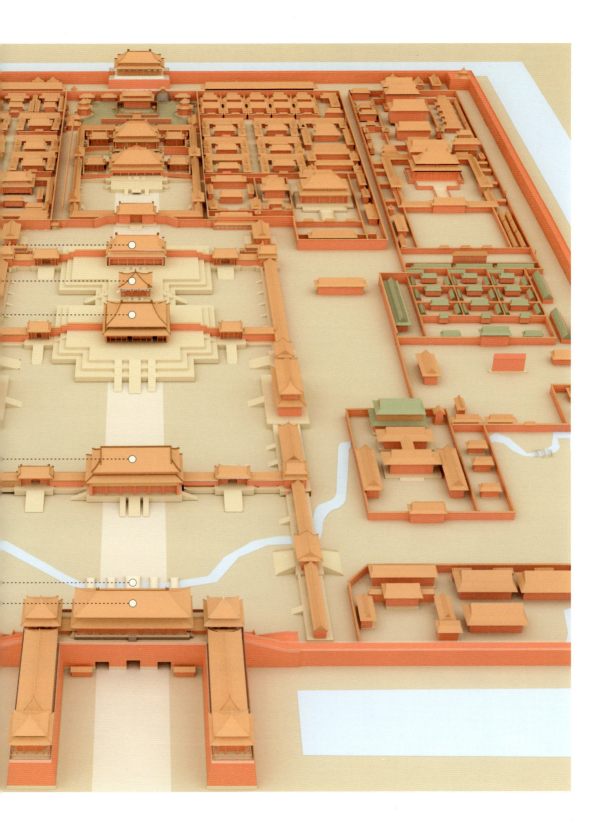

3 / 著名的宫殿有几个？

▍沈阳故宫

沈阳故宫是清廷入关前的宫殿，始建于后金天命十年（1625年），称为"盛京宫阙"。天聪十年（1636年）后，金改国号为清，大典即在此举行。清顺治元年（1644年），顺治在此登基。入关后，改称其为"奉天行宫"。

沈阳故宫崇政殿（二）（骆驼 摄）

▍颐和园宫殿群

颐和园自建成后，既是游乐之地，也是故宫以外的宫殿建筑群之一，1998年11月被列入《世界遗产名录》。颐和园中除了园林，也有宫殿建筑群。这一片建筑群布局对称，院落封闭，华丽的装修陈设显示出宫廷气派，但屋顶多用灰瓦卷棚顶。院中的花木假山暗示人们这里处于园林山水之中。东宫门内以仁寿殿为主的建筑，晚清时期成为颐和园内的政治中心，慈禧太后、光绪皇帝多次在此召见群臣，处理朝政，接待外国使臣。

颐和园仁寿殿（肖禹安 拍摄）

沈阳故宫建筑布局延续传统宫殿布局形式，彩画、雕刻等建筑装饰展示了浓烈的东北风情，体现出多民族宫殿建筑文化的特点。2004年，沈阳故宫被列入《世界遗产名录》。

避暑山庄宫殿群

避暑山庄建在河北承德北郊，是清康熙年间初建造的一处离宫别苑，乾隆时期扩建后，成了如今的规模，1994年12月被列入《世界遗产名录》。

山庄南侧是居住、朝会用的宫殿建筑群，正殿是澹泊敬诚殿，其他还有朝房、乐亭、寝宫等诸多建筑。清代，皇帝会在此接见各民族首领、王公大臣和外国使节。

除了这些宫殿，中国还有众多的宫殿建筑及宫殿遗址，如布达拉宫、大明宫遗址、南京故宫遗址等。

承德避暑山庄澹泊敬诚殿（骆凯 拍摄）

4 / 如何欣赏一个宫殿？——故宫

故宫是如何设计的？

宫殿建筑在漫长的发展过程中，逐渐衍生出不同的设计理念。

> 《周礼·考工记》记载："匠人营国，方九里，旁三门，国中九经九纬，经涂九轨，左祖右社，面朝后市，市朝一夫。"

前朝后寝

"朝"指朝堂，"寝"指寝居，"前朝后寝"指帝王举行朝会的建筑在前，帝后起居生活的建筑在后。故宫以乾清门为界，往前为前朝，是以三大殿为主的建筑群，用于上朝治政、举行国家大典；往后为后寝，是以后三宫为主的建筑群，用于皇室家庭生活。

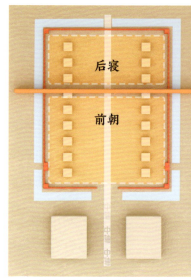

前朝后寝示意图（陈婉钰 绘制）

左祖右社

"左祖右社"来源于《周礼》，又称为"左庙右社"。"左祖右社"指在左边建皇帝的祖庙——太庙，右边建祭祀土地神和五谷神的神坛——社稷坛。每年的固定日期，皇帝会在太庙和社稷坛举行国家大典。

现今故宫宫殿的左前方是皇帝的祖庙，称为"太庙"，即为"左祖"；故宫宫殿的右前方是皇帝祭祀土地神和五谷神的坛庙，称为"社稷坛"，即为"右社"。左祖右社的布局形式体现的正是王朝的政治观念。

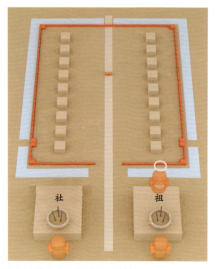

左祖右社示意图（陈婉钰 绘制）

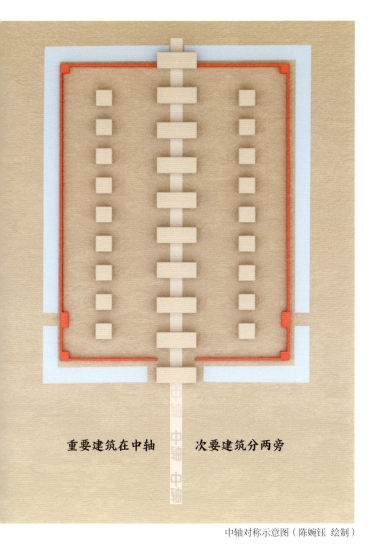

重要建筑在中轴　　次要建筑分两旁

中轴对称示意图（陈婉钰 绘制）

中轴对称

中轴对称的布局是宫城建筑布局的重要特点之一，指的是在宫殿建筑群中，重要建筑排列在中轴线上，次要建筑排列在中轴线两旁。

北京故宫中轴线排列着午门、三大殿、后三宫等重要建筑，文华殿、武英殿、东西六宫等排布在中轴线主要建筑的两侧。在每一个宫殿的院落中，也是严格按照中轴线布局，宫门、前殿、后殿依次排列在院落的中轴线上，配殿则分布在两侧位置。中轴对称布局建筑的从属关系明确，体现的是皇权的至高无上和宫殿的庄严华贵。

除了上述的三种宫殿设计理念外，其实还有包括三朝五门、法天象地、阴阳礼制等诸多思想，都影响着宫殿建筑的布局方式与细节形制。

中轴 - 前朝后寝 - 左祖右社

故宫里面有什么?

1. 故宫有什么来头?

明太祖朱元璋一统天下后,在南京建紫禁城(今南京故宫),后因皇太子薨,皇太孙朱允炆继位,朱棣发动"靖难之变"赶走了侄子建文帝,自己当上了明成祖。永乐四年(1406年),朱棣与近臣密议迁都,开始建造北京紫禁城。北京的坛庙、宫殿、门阙等,都以南京紫禁城为样板建造。经过长达11年的准备及3年的建造,在永乐十八年(1420年),明王朝正式迁都北京。

北京紫禁城的建造集中了当时全国的能工巧匠,征调二三十万农民和部分卫军做壮丁,木料多从四川、贵州、广西、湖南、云南等地的深山老林中采伐,石料从北京附近的房山、盘山等山区开采,采料和运输都极为艰难:木料要借雨季的山洪从山上冲下,经京杭大运河等江河运送至北京城;石料在冬天时,要沿途挖井取水,铺冰道运输,夏天则用滚木运输。整个建造工程浩大,经十余年才完成。

清代宫殿继续沿用明代建筑,后历经多次重修新建,修筑规模虽然没有明代宏大,但传统官式做法经数千年积淀后,在清代达到极点,集于大成。

故宫的建造缘由（张静 绘制）

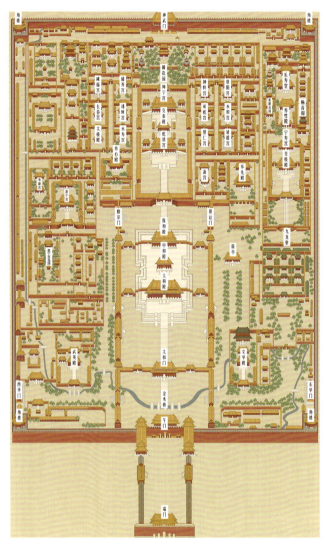

故宫平面图

故宫建筑

2. 故宫有什么建筑？

故宫占地面积约78万平方米，长约960米，宽约750米，建筑面积约15万平方米。除了主要的前朝后寝宫殿，还有各类其他功能建筑。

前朝礼制建筑

前朝根据布局制式是承担国家仪式的建筑群，最主要的是三大殿和文华殿、武英殿等，它们被用来举办国家典礼和重要仪典。

内廷建筑

内廷建筑，是供皇帝及家庭生活起居的建筑群，主要是后三宫和东西两侧的嫔妃宫殿群。这些建筑的体量及氛围更适合居住生活，此外还有养心殿一类便殿及供消遣的几个花园等。

特殊建筑

除前朝后寝建筑外，故宫还有众多各类功能的建筑被大家熟知或津津乐道。

保和殿是三大殿的最后一座宫殿，位于中和殿之乐十八年(1420年)初建，名为谨身殿。明嘉靖时改年)重建。明末李自成攻入紫禁城焚火，建极殿寺

保和殿面阔九间，进深五间，前带廊，黄琉璃瓦衣的场所，清乾隆后在此殿内进行科举殿试，每逢

中和殿是三大殿中间的一座宫殿，位于太基之上。明永乐十八年（1420年）初建后重建，明嘉靖时改称为中极殿。清顺治和殿，清乾隆三十年（1765年）再次重进深均三间，四周出回廊。大典前，皇员的提前参拜；此外，前往坛庙祭典前，

太和殿

太和殿是三大殿中的第一座宫殿，也是最重要的一座宫殿，是紫禁城中体量最大、高度最高的建筑，是皇权与政权的核心所在。

明永乐十八年（1420年）初建，名为奉先殿，明嘉靖四十一年（1562年）改称为皇极殿，清顺治二年（1645年）改称为太和殿，清康熙三十四年（1695年）重建，形成如今太和殿的规模形制。太和殿下有三重汉白玉须弥座台基。明代时宫殿面阔九间，约64米，进深五间，约37米；清康熙时改为面阔十一间，高达27米，与台基共35米。太和殿屋顶为黄琉璃瓦重檐庑殿顶，殿前陈设有铜龟、铜鹤、日晷、嘉量，殿前为3万多平方米的太和殿广场，可容纳万人聚集和陈列各色仪仗。太和殿用于皇帝登基、大婚、册立皇后和命将出征，每年元旦、冬至、万寿（皇帝生日）等节日时会举行重大典礼。

武英殿位于西华门与中轴线之间，武英殿建筑群主体建筑为武英殿。明代皇帝在此斋居、召见大臣商谈政务；明末李自成攻入皇城后也在此登基；清乾隆时，此殿一度成为宫廷修书处。

故宫四门

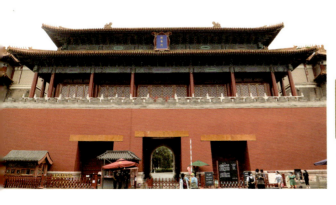

② 西华门

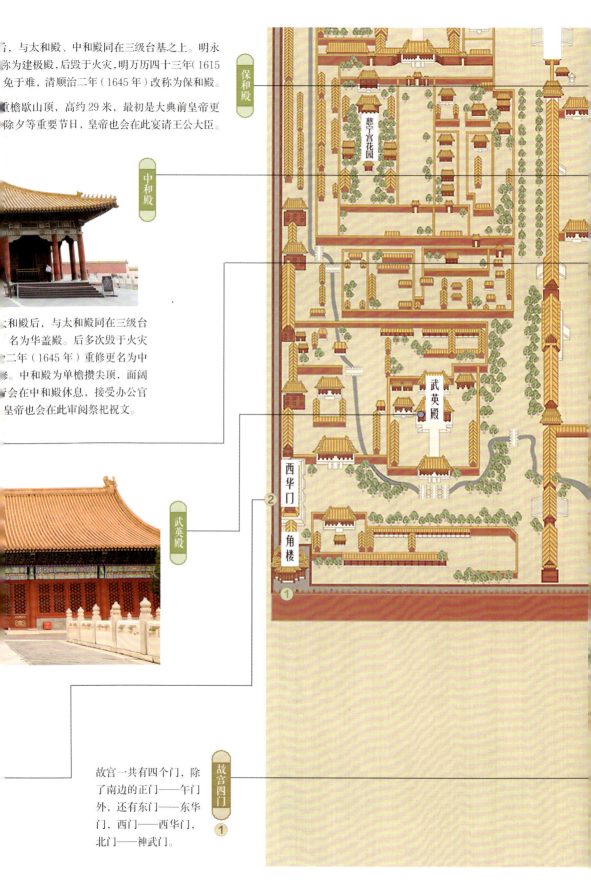

后，与太和殿、中和殿同在三级台基之上。明永称为建极殿，后毁于火灾，明万历四十三年（1615免于难，清顺治二年（1645年）改称为保和殿。

重檐歇山顶，高约29米，最初是大典前皇帝更除夕等重要节日，皇帝也会在此宴请王公大臣。

保和殿

中和殿

和殿后，与太和殿同在三级台名为华盖殿。后多次毁于火灾二年（1645年）重修更名为中多。中和殿为单檐攒尖顶，面阔会在中和殿休息，接受办公官皇帝也会在此审阅祭祀祝文。

武英殿

慈宁宫花园

武英殿

西华门

角楼

故宫四门

故宫一共有四个门，除了南边的正门——午门外，还有东门——东华门，西门——西华门，北门——神武门。

角楼

角楼位于故宫城墙的四个角，用于瞭望守备，还有一种说法是因28星宿中的角宿神栖息在角楼镇守紫禁城，因此得名角楼。

注：图片拍摄
午门、太和殿、中和殿、保和殿、箭亭、乾清宫、交泰殿、坤宁宫、延禧宫、慈宁宫、武英殿、御花园、西华门、东华门、神武门由李雪力拍摄；南三所由刘雷拍摄；文华殿由骆凯拍摄； 养心殿源自故宫博物院官网。

延禧宫

宫殿有话说

"宫殿，自古被认为是国家和权力的象征。从远古的大房子，一直到北京紫禁城，宫殿建筑岂止走过的是6000多年的时光。天人合一，阴阳礼法，中轴对称，三朝五门，条条框住皇帝与百姓思想的同时，也引领了中国传统建筑技艺与文化成就。无论是无处寻觅的咸阳宫、未央宫，还是变成遗址的大明宫、南京紫禁城，宫殿们依旧讲述着中华民族的奋进史，也向全世界展现着中国人的骄傲。"

第四章

中国古代民居

1. 民居,是什么? / 064
2. 民居是如何演变的? / 064
3. 中国民居有几种? / 068
4. 如何欣赏一个民居?——四合院 / 072
5. 民居有话说 / 081

1 / 民居，是什么？

中国古代民居是普罗大众的居所，也是万千苍生的智慧结晶，历经千百年积淀，成为中国大地上最繁多、最丰富的建筑。如今的民居，基本都是明清民居建筑。

遍布全国的民居有各种各样的样式。从建筑特征、自然气候、地域文化多方面分类的话，我国的民居主要可分为合院式民居、厅井式民居、土楼民居、窑洞民居、特色民居等。

2 / 民居是如何演变的？

① 原始时期

原始人时期，人类居住的还是穴居、巢居等分散的建筑单体，后期渐渐出现了聚落。

半坡聚落模型（中国国家博物馆馆藏 骆凯 拍摄）

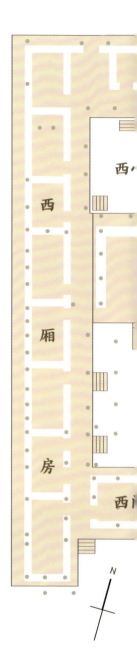

岐山四合院（王威 绘制）

❷ 夏商周时期

当北方人在原始的夯土墙基上建造起木构梁架时，院落就出现了。河南偃师二里头宫殿遗址就是实例。再比如陕西岐山考古发现的院落凤雏村西周遗址，是我国现知最早、最严整的四合院实例，合院式住宅在这个时期初具雏形。

❸ 秦汉时期

秦汉时期民居多为庭院式组合，出土的汉代明器陶楼常有三合院、"L"形院、"口"字形院、"日"字形院等类型的院落，且发现个别横向发展的组合院落。建筑围绕庭院向内布置，中轴对称和围绕中心的趋势出现。穿斗式、干栏式、井干式、抬梁式四类**基本的木构架形式也在汉代形成**。这一时期的民居建筑多使用木结构构架，技术上已经可实现高层建筑的建造，但出于经济和防火的原因，整体并未向高空发展。在东汉魏晋时期还有坞堡等用于自卫的民居建筑。

东汉明器坞堡模型（中国国家博物馆馆藏 骆凯 拍摄）

4 唐宋时期

传统民居在这个时候改革定型。由于人们生活方式转变，民居类型开始增多。

唐代实行里坊制度，住宅被围墙环绕。廊道连接各个建筑形成庭院。大型住宅有多进院落，有侧院园林或者侧院菜地、果园，整体呈外闭内敞、回廊环绕、廊院开敞、建筑疏朗的宅院特点。

宋代时，里坊被改成街坊，街道变得繁华热闹，民居密度增大，院落形式日趋多样化，甚至有前店后宅的商铺民居。为增加居住面积，院落周围把回廊改为廊屋，个别民居也有两层楼。乡村庭院布置则更灵活多样。在《清明上河图》和《千里江山图》中都有民居建筑的形象出现。

《清明上河图》中的民居（故宫博物院）

明清民居之一——福建漳州田螺坑土楼群（刘雷 拍摄）

5 明清时期

明清时期，人口增长迅猛，移民和文化交融增多，城市住宅密度增大，民居形式多样且各自成熟。北方民居、苏州民居格局紧凑、建筑秀雅，南方院落式建筑有堂横式、行列式等多样组合，西南民居多采用穿斗式、干栏式结构，少数民族地区有各具特色的蒙古包、藏碉楼、新疆阿以旺民居等。这时期各地传统民居在类型、形制和技艺上都发展到成熟阶段。明清的民居也有大量的地面遗存，至今保存完好仍在使用，最真实地体现了中国古代民居的辉煌建筑成就和极高的观赏价值，我们概念中的传统民居指的就是这一批保存至今的明清民居建筑。

3 中国民居有几种？

合院式民居

北方的合院式民居，是由房屋和院墙组成的方形或者矩形院落的民居。这类民居院落大，利于通风和采光，院内有良好的小气候，建筑墙体包裹严实，房屋门窗基本都向内开启，如北京、陕西关中和东北吉林等地区的民居。由于可以通过调节单体建筑的位置和尺度等方式，适应不同地区气候及家庭的生活方式，因此合院式民居在北方得到普遍应用。其中，最经典的就是北京四合院。

两进四合院模型（史家胡同博物馆馆藏　骆凯 拍摄）

江南厅井式民居

江南厅井式民居与北方合院式民居在空间构成上十分接近，都采取三合院、四合院的形式。但江南民居有高且窄的天井，遮阴耐凉，适合江南炎热潮湿的气候，开敞的厅堂有穿堂风，也给家庭活动提供了场地。这种民居一般都是二层楼，建筑间彼此有廊道连接，建筑构架常用穿斗式。江南厅井式民居从建筑角度可看成北方合院式民居建筑的南化演变，有江南民居、苏州民居、徽州民居、浙江民居、东阳民居等典型样式。

南方厅井式民居

南方比江南地区更加炎热多雨,出现了"敞厅窄井"的厅井式民居,布局比江南建筑更加紧凑,样式也更多样化:滇中地区有双层高墙、天井很小的"一颗印"民居;湘西地区民居与其类似,被称为"印子房";粤东潮汕地区有以三、四合院为基本单元、纵横并联的大型民居组合,也有狭长多进的竹筒房民居;闽粤地区民居多沿中轴布置堂屋,两侧布置横屋,被称为"堂横式民居"。尽管地域广阔的南方地区有多样化的民居,但这一大类厅井式民居仍然是合院式民居在南方环境下的进一步演变产物。

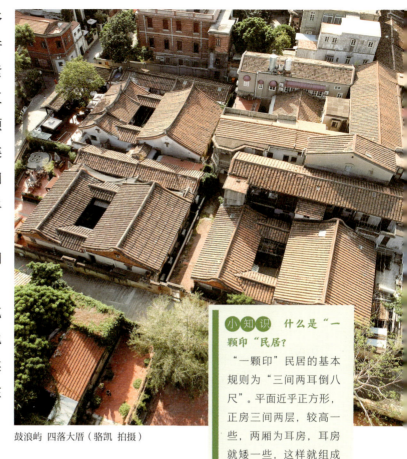

鼓浪屿 四落大厝(骆凯 拍摄)

小知识 什么是"一颗印"民居?

"一颗印"民居的基本规则为"三间两耳倒八尺"。平面近乎正方形,正房三间两层,较高一些,两厢为耳房,耳房就矮一些,这样就组成四合院,中间为一小天井,门廊又称为"倒座",进深为八尺,所以称为"倒八尺"㊀。整体方形如印章,故称为"一颗印"民居。

㊀ 1尺=0.33m。

安徽宏村民居(蒋晓璐 拍摄)

福建土楼（刘雷 摄）

▍东南客家土楼

　　客家人是因避战而移居到南方的中原人，他们为了在新的居住地自保，发明了这种群居一楼、高墙围护的土楼建筑，如今土楼主要分布在我国的福建、广东、赣南等地区。土楼中心是祠堂，用来供奉祖先和进行公共活动，外环的多层房屋是用作居住和仓储等，各层内侧都有回廊相连，外墙开箭窗和射孔用于防卫。大型土楼还会有内环中环平房建筑，用作杂务和饲养家畜。但无论是圆土楼还是方土楼，基本都是中轴对称，虽然外形与北方民居相差甚远，但仍然有人认为它是合院式民居演化的特殊形式。

▍黄土高原的窑洞民居

　　窑洞是在黄土中凿出洞屋的民居，可追溯到原始社会的横穴，在干旱少雨的陕甘宁晋豫黄土地非常普遍。窑洞防火隔音，冬暖夏凉，洞内各房间可横向或纵向相连，甚至在大窑一侧可开拐窑、子母窑等。窑洞民居出现了三种样式：靠崖窑洞，地坑窑洞，平地砖砌窑洞（锢窑）。窑洞院落在构图上也是中轴对称，以庭院为中心布置房间，是合院式民居在黄土地上的演变。

山西窑洞（刘雷 拍摄）

蒙古包（张悦琪 拍摄）

新疆民居（刘雷 拍摄）

特色民居

除了以上几种传统民居类型，我国还有其他多种民居建筑形式，比如西南地区常见的底层架空的干栏式建筑，北方游牧民族轻木骨架的毡包蒙古包，藏族地区石砌的藏式碉楼，新疆维吾尔地区土筑的阿以旺民居，东北地区鄂温克族圆锥形的撮罗子等。这些丰富多样的特色民居是我国地大物博、各民族文化交融的体现。

西藏民居（李雪力 拍摄）

4 / 如何欣赏一个民居？——四合院

"院"是什么？

"院"最初指的是墙围起来的空地，我们日常理解的院子，其实是后来与"庭"合称的"庭院"。庭院一词，现在表示建筑和墙体围起来的用于人们生活的空地。我国关于庭院最早的记载是《南史·陶弘景传》中的"（弘景）特爱松风，庭院皆植松，每闻其响，欣然为乐"。

这是距今3800~3500年的河南偃师二里头一号宫遗址，是我国最早的庭院。

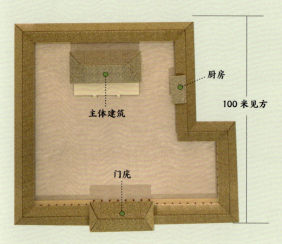

二里头遗址夏朝宫殿复原图
（琚京蒙 陈婉钰 绘制）

四合院从哪里来？

院子最初模样知道了，那四合院最开始是什么模样呢？

1. 夏商周时期

根据考古及研究确定，现知我国最早的四合院是在西周时期出现，距今3000余年，是在庭院出现后的500~800年后出现，位于今陕西岐山凤雏村的早周遗址。

这套四合院已有了前后两个院子，四周以房屋围合，前院正房为前堂，用于宴会和礼仪，后院的为后室，用作主人的日常起居，东西两侧的房子给其他家庭成员居住。

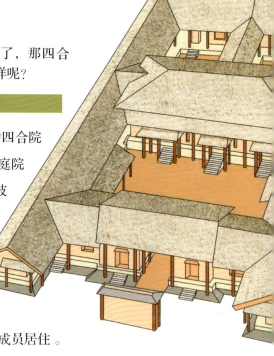

岐山四合院复原图（王威 绘制）

2. 汉代

在四川成都出土的画像砖描绘了东汉时期四合院的模样。没错，就是刘备进入蜀地之前，四川地区的合院模样，可以看出，房子和廊子围合，大门偏西，东院还有高高的望楼，可见这时的合院建筑形式十分丰富。

东汉画像砖中的合院（中国国家博物馆馆藏 骆凯 拍摄）

3. 魏晋与隋唐时期

这时候合院已是主流住宅，形式更加丰富，从敦煌壁画中可以看见。

敦煌壁画中的四合院形象（源自敦煌研究院官网）

第四章 中国古代民居

4. 宋元时期

《清明上河图》与《千里江山图》真实地反映了宋代的合院模样。这时的四合院前堂后室，多用"工"字形廊子连接，元代则继承了这种布局形式。

5. 明清时期

四合院在这个时期高度成熟，每个地域都形成了自己鲜明的风格，我们见过的四合院形式也基本在这个时期定型。

《千里江山图》中的合院（故宫博物院藏）

北京四合院有多少种？

发展至今，北京地区形成了特色鲜明的<u>北京四合院</u>。识别北京四合院种类，需要记住两个字："进"与"跨"。"**进**"是前后方向院子的个数。进几个门，就称为几进院。"**跨**"是左右方向院子的个数。正院往西边跨一步，就称为"**西跨院**"；正院往东边跨一步，就称为"**东跨院**"。

进

跨

前后方向的四合院类型

四合院类型

01 一进四合院

一进四合院只有一个院子，只进一个大门，又称为"单进四合院"。院子四周都是房子围合，这是最简单的四合院形制。

一进四合院

一进四合院（陈婉钰 绘制）

02 两进四合院

两进四合院有两个院子，需要进两个门。前院有对外接待的功能，内院是主人家庭生活的院落，具有一定的私密性。

两进四合院（陈婉钰 绘制）

二进

一进

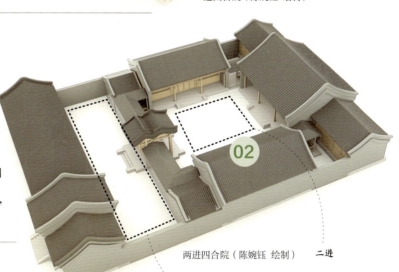

03 三进四合院

三进四合院有三个院子，需要进三个门，在两进四合院前院、内院的基础上，加了一个后院。后院主要是给女眷使用（女眷指男主人的母亲、妻子、姐妹和女儿等女性家庭成员）。三进四合院是最典型的四合院模式，长度一般在50~60米，正好是北京城大多相隔的胡同间距。住三进四合院的一般算是中产家庭。

三进四合院（陈婉钰 绘制）

04 四进及以上的四合院

四进、五进,甚至七进的四合院,都是在三进四合院的基础上,将三进四合院的一个内院,变为多个内院,前后院不变。

能住多进四合院的,一般都得是大户人家,比如《红楼梦》中地位崇高的贾母,住的就是五进四合院。

一进到五进

四进以上的四合院(陈婉钰 绘制)

左右方向的四合院类型

跟前后方向的"进"对应的，就是左右方向的"跨"，多跨四合院的各跨院，彼此独立，又会在跨院墙上开小门连通。

跨院（骆凯 陈婉钰 绘制）

这些跨院一般都是供拥有多子孙的大家族居住使用。人多的家庭跨院住人，人少的家庭，跨院可以做花园，比如北京的可园、婉容故居等，都是北京私家园林的珍品。

四合院的格局和种类，根据院落的实际情况变化很多，以上列举只是我们常见的和较为标准的几类。

四合院里的房子们

看完了四合院的种类，常见的四合院里，每座房子都是干什么的呢？在这里我们选取标准的三进四合院来看看。

耳房

耳房位于正房两侧，好似正房的耳朵而得名。耳房一般较小，用作贮藏室。

厢房

厢房位于内院两侧，一般有两座厢房正对。厢房是给主人的儿子及儿媳居住使用。

回廊

很多四合院内会用一圈回廊将正房、厢房和垂花门连在一起。就好像人在冬天把手臂揣进袖子、抄起双手一样，因此又称为"**抄手游廊**"。人可以在回廊下避雨、休息。

倒座房

倒座房是院里唯一一座**背向街道**的房子，是院落**最外侧**的一座房子。也可以说它是倒着坐的一座房子，因此得名"倒座房"。倒座房一般是给**佣人**或者外来的**客人**住宿用。

垂花门

两进以上的四合院里才会出现"垂花门"，它是宅子的**第二进门**，因门上的垂莲柱而得名。俗话说的"大门不出，二门不迈"，二门指的就是**垂花门**。

三进四合院建筑位置示意图（陈婉钰 绘制）

后罩房

后罩房是四合院中最靠后的建筑，将整个宅子罩住，也有人将其称为"后照房"。后罩房位于**后院**，具有最好的私密性，常常给**女眷使用**，偶有情况给佣人使用。家财较为丰厚的主人也会将后罩房建为二层，称其为"**后罩楼**"。清末民国时期是后罩楼建设的高峰期。

正房

正房一般是**内院正中**的建筑，是宅子中**等级最高**的建筑，屋顶也高于其他建筑。正房是供主人使用，一般是**一家之主**居住在内。

大门

大门即是四合院**正式**的大门，也是四合院的**第一进门**。四合院的大门因等级不同有很多不同的样式，至于大门在四合院中的位置，一般是在院子的东南角，这个位置是风水八卦中的巽（xùn）位。这是个生财的位置，主人将大门设在此，就是希望每天**财源广进**。

院里的"小物件"

影壁

有的四合院在院内或院外会设有影壁。进入大门迎面看到的墙上影壁称为"**座山影壁**"；个别单独一面墙的影壁称为"**一字影壁**"，可设在院内院外；设在大门外，与大门相对，平面呈"八字形"的称为"**八字影壁**"；设在大门两侧向外撇开的一类则称为"**撇山影壁**"。

门墩石

门墩石也称为门鼓石，常放置在**大门**的前后两侧，或者二门（**垂花门**）的前后两侧，由石料制作而成。

八字影壁（王威 拍摄）

门墩石（骆凯 拍摄）

彩画

彩画是外部装饰，主要绘制在枋子、垫板和梁头等部位。官员与百姓的四合院中，使用的是最简单的**苏式彩画**，彩画中间有半圆形的"**包袱**"，画有山水、人物、花鸟图案，而大多数四合院建筑连彩画都不用，仅简单画一些图案或只刷油漆。

苏式彩画（曹振伟 拍摄）

蝎子尾

蝎子尾一般在四合院建筑的**正脊两端**，院落大门的正脊两端也常见，是民居中鸱吻的**代替物**，因两端向上翘起、与平面有35°夹角、像蝎子翘起来的尾巴而得名。

蝎子尾（骆凯 拍摄）

门簪

在**门框上**经常可以看见两个凸出来的小木块，这就是门簪。门簪在早期是有固定和连接作用的，汉代时期多为方形，发展到后期演变成了一种**装饰物**，出现八角、六角甚至花形，上面也会有"吉祥"等字样出现。

门簪（骆凯 拍摄）

砖雕

砖雕在四合院中很常见，多出现在墙心、墙头、屋脊上，常见图案为松竹花鸟等题材。有时出现连环画似的几幅花鸟或人物图案，耐人寻味。近代少数四合院受西方建筑影响，院内设置砖砌拱门，但门上的雕饰依然采用传统图案。

砖雕（刘雷 拍摄）

民居有话说

> 北方合院民居，江南和南方厅井民居，大多以庭院为中心布置房屋。这些类型的民居分布范围广，是中国传统民居的主流。各地民居都有各自的基本组成单元和组合形式，也因地制宜使用不同类型的木构梁架，并有效利用周边环境，与自然的氛围融洽，同时民居建筑大多就地取材，广泛开发利用当地建筑材料。中国传统民居是历史的积累和民间智慧的结晶，体现了中国传统建筑最普遍的特点。社会和时代发展给古老的民居建筑带来新冲击，如何把代表着活历史的这些建筑遗产用作城市发展和中国文化软实力建设的坚实根基，需要我们的思考。

第五章

中国古代坛庙

1 坛庙建筑，是什么？/ 084
2 坛庙是如何演变的？/ 086
3 如何欣赏坛庙？/ 101
4 坛庙有话说 / 117

1 坛庙建筑，是什么？

坛庙建筑概述

成书于战国时期的《周礼》，记载了周代的理想国家政治制度，包括器用、衣冠、官制、军制、田制、税制、礼制等。其中，礼制中的五礼包括吉礼、凶礼、宾礼、军礼和嘉礼。

礼制建筑是在中国古代礼制思想、观念影响下形成的一种独特的建筑类型。其中吉礼建筑是对天地、日月、山川等自然神灵以及祖先、帝王、先贤等的祭祀建筑，即坛庙建筑，其中"坛"侧重用于祭祀天地、日月、山川等自然神祇，"庙"侧重用于祭祀祖先、帝王、先贤等人文神祇。

《周礼》礼制中的五礼	
分类	主要内容
吉礼	对天地、日月、山川等自然神灵及祖先、帝王、先贤的祭祀典礼
凶礼	丧礼、葬礼、致奠、探病等与丧葬、疾病等有关的礼仪制度
宾礼	帝王接见诸侯、宾客，各诸侯国之间相互交往以及君臣相处、宾朋相会的礼节仪式
军礼	命将、出师、狩猎、行军等国家军事方面的礼仪制度
嘉礼	饮食之礼、婚冠之礼、宾射之礼、飨燕之礼、脤膰之礼、贺庆之礼等具有喜庆意义及一部分用于亲近人际关系、联络感情的礼仪制度

《周礼》中的五礼（王威 绘制）

河北易县某奶奶庙（骆凯 拍摄）

坛庙建筑的思想文化内涵

祭祀文化是坛庙建筑承托的重要文化内涵，在中国古代社会占有十分重要的地位。除了皇家主持修建坛庙建筑，民间氏族和普通百姓也会修建不同规模的坛庙建筑。据《汉书·郊祀志》记载：西汉末年有神祠683所，后来超过700所，还有秦代留存的旧祠203所。到北魏时期，国家祭祀的坛庙建筑更是达到了1075所。但无论是气势恢宏的殿堂还是独立的牌位，坛庙建筑都承载了古人无限的精神寄托。

坛庙建筑是中国古代"敬天法祖"思想的具体体现，可以主要从"家"和"国"两个层面来理解。"家"即氏族、宗亲以及家庭。坛庙建筑中的"庙"侧重祭祀祖宗先贤，以祈求祖先庇佑，同时寄托对祖先养育之恩的感激和追思。"国"即国家，坛庙建筑中的"坛"侧重祭祀天地、日月、山川等自然神灵，以此体现"天子受命于天""君权神授"等思想，巩固国家统治。此外，坛庙建筑还用来教化民众，规范民众的社会行为，从而达到精神、思想层面上的教育与制约作用。

"祭祀太岁"——太岁坛复原陈列（北京市古代建筑博物馆馆藏　王威　拍摄）

坛庙建筑分类

按照祭祀对象分类,坛庙建筑可分为祭祀自然神祇的坛庙和祭祀人文神祇的坛庙。

祭祀自然神祇的坛庙	
祭祀自然神祇的坛庙用于祭祀包括天、地、日、月、山、川、风、雨、雷、电、星、辰、农、桑等方面的神灵,例如天坛、地坛、日坛、月坛、先农坛、先蚕坛、社稷坛等。	
祭祀人文神祇的坛庙	
祖先宗庙	先贤祠堂
用于祭祀祖先和帝王,包括帝王宗庙以及平民家祠等,例如太庙等。	用于祭祀先贤名人,功臣名将等,例如:文庙、武庙等。

2 坛庙是如何演变的?

史前时期的坛庙建筑

史前时期是中国文明的发源时期,在这一时期,人类进化,大脑逐步发育成熟,开始拥有思想和情感,逐渐产生报答长辈和祖先养育之恩以及祈求祖先庇佑的观念;同时,人类的生存离不开大自然提供的资源,但那时人类无法科学解释和应对种种自然灾害,因此只能把希望寄托于大自然本身,即原始的自然崇拜,将自然神格化,认为天、地、自然万物皆有灵,祈求神灵保佑风调雨顺,平安健康,于是就出现了各个时期的祭祀建筑。这一点随着考古发掘出的众多祭祀遗址及出土文物等实证而得到进一步证明。

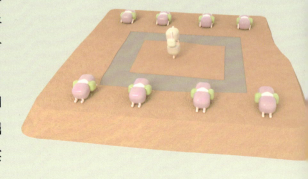

史前祭祀(王威 陈婉钰 绘制)

因为社会发展的限制，史前时期的坛庙建筑不及后世的成熟和完善，但其中蕴含的祭祀文化和观念却是后世趋于程式化、规范化、政治化的坛庙建筑所不及的。其中考古发现较早的牛河梁红山文化女神庙遗址和浙江余杭瑶山良渚文化祭坛遗址非常具有代表性。

牛河梁红山文化女神庙遗址

1983年在辽宁省凌源市的牛河梁，发掘出属于红山文化晚期的牛河梁祭祀遗址。遗址包括：女神庙、祭坛和积石冢等共十六个地点，其中第一地点女神庙遗址位于牛河梁主梁顶部，为整个遗址群的中心位置，包括女神庙及庙北的山台。

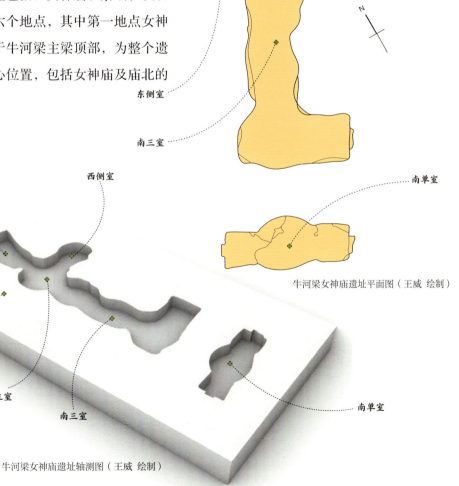

牛河梁女神庙遗址平面图（王威 绘制）

牛河梁女神庙遗址轴测图（王威 绘制）

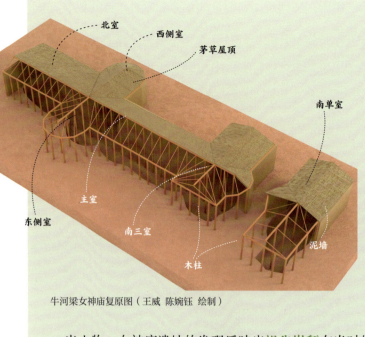

女神庙为半地穴式土木结构建筑,平面呈"中"字形,总范围南北长约25米,东西宽2~9米不等,方向北偏东20°,分为主室、东西侧室、北室、南三室和南单室(古人有"左东右西"的方位观念)。地穴遗址深0.8~1米,地上建筑部分采用类似木骨泥墙的做法,以木柱作为骨架支撑土质墙体。遗址中发掘出女神像等泥塑人像、陶制祭器和其他出土物。女神庙遗址的发现反映出祖先崇拜在当时的社会文明中已经形成,从遗址的年代和区别于一般居住建筑的布局、规模和等级来看,牛河梁女神庙堪称中国"宗庙之始"。

牛河梁女神庙复原图(王威 陈婉钰 绘制)

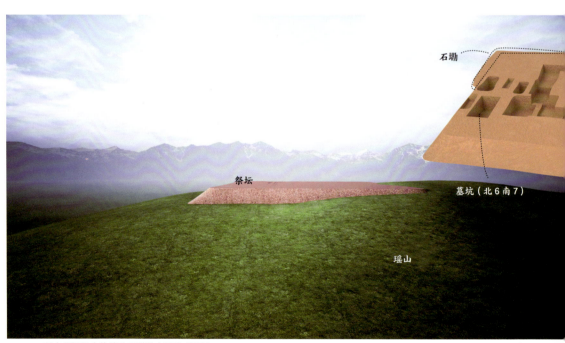

瑶山祭坛与山体关系示意图(王威 绘制)

浙江余杭瑶山良渚文化祭坛遗址

浙江余杭瑶山良渚文化祭坛遗址于1987年发掘，位于良渚古城城址东北约5000米的瑶山西北坡，依西低东高的平缓山势，平整而建。祭坛建在山顶，以示"高上加高、与上天相通"之意。祭坛为覆斗状台地，外围平面形状为20米×20米的不规则正方形，西、南、北三面边界处各发掘出由砾石迭砌的斜坡状石勘，东面与山体相连。

瑶山祭坛平面呈"回"字形，内外三层，自内而外分别为：红土台、灰土围沟、砾石台面。其中红土台位于中心偏东，在红土台四周是深约70厘米的围沟，沟内填筑灰土，在灰土围沟外侧是黄褐色斑土台面，台面多砾石，亦称为砾石台面。

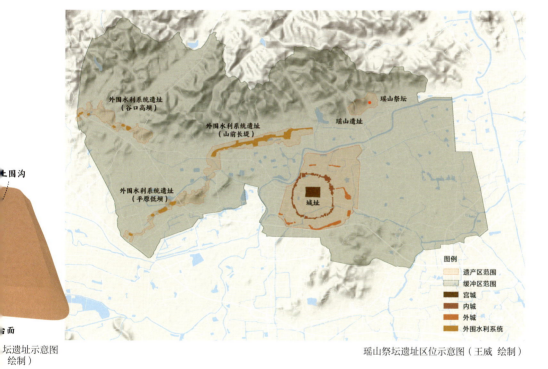

瑶山祭坛遗址区位示意图（王威 绘制）

瑶山祭坛遗址为坛墓一体结构，墓葬的建造晚于祭坛，墓坑分列两排于祭坛南部，北排6座，南排7座。在遗址中，存在墓坑打破祭坛布局的特殊现象，加上墓坑中出土的众多玉器、陶器等随葬品，均显示出瑶山祭坛应当属于良渚文化中期的高等级祭坛。

夏商周时期的坛庙建筑

夏商周时期，先民们对自然神祇和祖先皆有祭祀，周代对于祖先的祭祀更为重视。根据文献记载，周天子祭祖的建筑场所有九个，包括七庙、一坛和一墠（shàn）。由于年代久远，夏商周时期的坛庙建筑遗存甚少，考古发掘出的陕西岐山凤雏村周代宗庙遗址可以为我们想象周代宗庙建筑形象提供依据。

陕西岐山凤雏村周代宗庙遗址

1976年在陕西省岐山县凤雏村发掘出西周时期的宗庙建筑遗址。遗址是由多个建筑单体组成的四合院式建筑群，南北长约45.2米，东西宽约32.5米，坐北朝南，轴线方向北偏西10°。中轴线上从南向北依次布置着：影壁、前院、门道、中院、前堂、过廊和后室，东西门房、东西厢房及东西小院则对称布置在中轴线两侧。

影壁位于大门外。门道两侧是东西门房，各三开间，作为祭祀前的休息之处。前堂为建筑群的主体建筑，用于陈列神主，面阔六间，进深三间，台基高出地面0.3~0.4米，南侧三出陛。后室位于最北端，面阔五间，东西向排列，用于存放先祖的衣冠；前堂两侧的东西厢房，左右对称，面阔八间，南北向排列，前檐有回廊与其他建筑相连，其台基与东西门房以及后室的台基大致在同一水平面上。此外，建筑群通过前

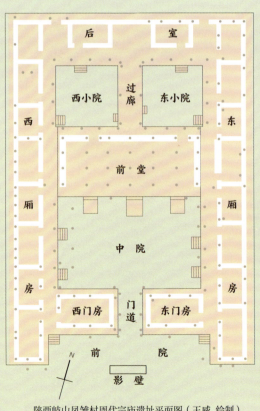

陕西岐山凤雏村周代宗庙遗址平面图（王威 绘制）

院、中院和东西小院三组庭院将各个建筑单体有机地组织在一起，以利于采光、通风、排水和进行祭祀活动。

可见，周代宗庙的建筑形制规整，建筑布局主次分明，不同功能的建筑单体组织得当，为后代宗庙建筑的发展奠定了良好基础。

陕西岐山凤雏村周代宗庙遗址复原图（王威 绘制）

《周礼·考工记》是一部手工业专著，还涉及数学、地理学、建筑学等多方面的知识和经验总结。《周礼·考工记》中《匠人营国》篇是关于古代王城规划制度的重要文献，对后世的城市规划和建设产生了很大影响。

《匠人营国》中记载："匠人营国，方九里，旁三门。国中九经九纬，经涂九轨。左祖右社，面朝后市。市朝一夫。"其中"左祖右社"描述了宫城居中，宫城左侧为祖庙、右侧为社稷的规制。古人有"左东右西"的方位观念，而且周人尚左，认为"天道尚左"，将祖庙设置在宫城的左侧，凸显出周人重孝的思想。

《周礼·考工记》提出王城规划制度中"左祖右社"的制度

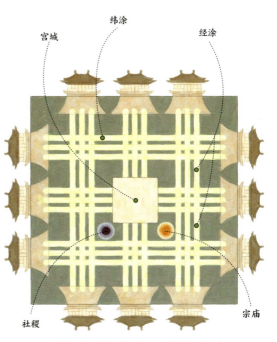

理想的周王城平面图（王威 赵天宏 绘制）

秦汉时期的坛庙建筑

秦汉时期，帝王为了巩固国家统治，昭示"君权神授，天下归心"，不断增加自然山川鬼神等祭祀对象，并在全国范围内设坛立庙，开展祭祀活动。据《汉书·郊祀志》记载：西汉末年有神祠683所，后来超过700所，还有秦代留存的旧祠203所。但祭祀活动耗费的人力以及祭祀用品大大地加剧了社会负担。

封禅典礼

传说中，古代帝王在泰山顶上筑圆坛以报天之功，称为封；在泰山脚下的小山上筑方坛以报地之功，称为禅。进行封禅典礼以求巩固统治。秦始皇和汉武帝均效仿古帝进行封禅典礼，以表明"天命以为王，使理群生，告太平于天下，报群臣之功"之意，昭示"君权神授，天下归心"。

陕西西安王莽九庙遗址与汉平帝明堂遗址

西汉末年，王莽篡位，建立"新朝"，即位后附会《周礼》和儒家学说在全国范围内进行"托古改制"运动。20世纪50年代在陕西西安汉长安故城南郊发掘出王莽时期的礼制建筑群遗址，其中包括王莽九庙遗址、汉平帝明堂遗址和官社官稷遗址。根据遗址发掘分析，王莽九庙遗址和汉平帝明堂遗址位于未央宫前殿遗址的东侧，古人有"左东右西"的方位观念，是《周礼》中"左祖右社"制度的具体体现。

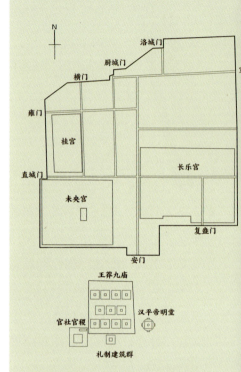

陕西西安汉长安遗址平面图（王威 绘制）

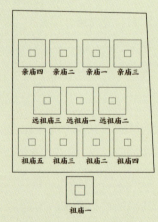

王莽九庙平面示意图（王威 绘制）

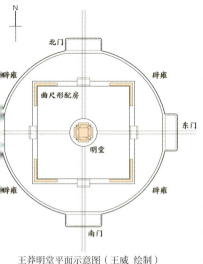

王莽明堂平面示意图（王威 绘制）

王莽九庙遗址由十一座布局和规制相似的"回"字形建筑组成，呈"四三四"排列，建筑组群四周围以垣墙，在紧邻南侧垣墙外侧的正中位置还有一座与"回"字形建筑布局相似，但主体建筑体量增加约一倍的建筑。

每座"回"字形建筑平面均关于纵横两条轴线对称，主体建筑位于正中央的方形夯土高台之上，台上筑方形木构建筑，四周围以正方形围墙，四面围墙正中辟门，墙内四角布置曲尺形配房。这种建筑布局形式与《汉书·郊祀志》中记载的汉武帝时的泰山明堂相似。

另外在王莽九庙遗址东侧还发掘出汉平帝明堂遗址，即王莽明堂，这是我国迄今为止发现的第一座明堂遗址实体。明堂位于遗址正中央的夯土高台上，四面围以正方形围墙，每面围墙正中辟门，围墙内四角为曲尺形配房，正方形围墙外围是圆环形水渠，即辟雍。明堂和辟雍合称为明堂辟雍，简称明堂。明堂主体建筑为"亚"字形平面台榭，分为上中下三层，上层为五室，中层为四堂八房，下层为廊、梯及辅助房间。

王莽九庙和汉平帝明堂的建造很大程度上是出于政治目的，说明王莽时期试图通过改制运动恢复"明堂"这种象征王权的宗庙古制，以为其统治正名。

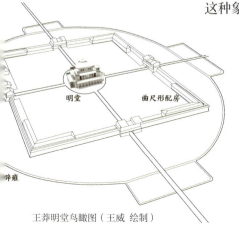

王莽明堂鸟瞰图（王威 绘制）

王莽明堂复原模型（北京孔庙和国子监博物馆馆藏 骆凯 拍摄）

唐宋时期的坛庙建筑

唐代对繁复的祭祀对象进行整顿，规范并确定了对五岳、四镇、四海、四渎等山川神的祭祀；册封五岳神及四海神为王，四镇山神及四渎水神为公，将天界神明间的关系与人间封建统治中的阶级关系作比拟，以使封建极权关系合理化。

唐玄宗天宝年间，将原本冬至日南郊祭天、夏至日北郊祭地的礼仪，改为在南郊合祭天地，后明嘉靖年间又改为分祭。

明堂是古代帝王拥有政权的象征，兼具宣明政教、会见诸侯、祭祀上天及祖宗的功能。武则天垂拱四年（688年）于洛阳建成体量巨大、形式与众不同的楼阁式明堂，体现出武则天的统治权威及盛唐时期的国力强盛。但唐玄宗于开元二十年（732年）下令拆除明堂第三层，后明堂经安史之乱被焚毁。

另外，唐代于京师国子学内建立孔子庙，令府州县各地亦皆立孔子庙，举行对孔子的释奠礼，以纪念孔子，由此形成全国范围内的孔庙系统。

宋徽宗政和五年（1115年），每日兴工万余人，于京师汴梁城内建成一座长18丈⊖9尺、宽17丈1尺的殿堂式明堂。后宋钦宗靖康二年（1127年）金兵攻占开封，明堂被毁。至此明堂作为一种大型礼制建筑的兴建结束，后世各代均无明堂建成。

武则天洛阳明堂复原模型（天坛公园藏　骆凯 拍摄）

⊖ 1丈=3.3米。

明清时期的坛庙建筑

明清时期的坛庙建筑趋于规范化,分别设坛立庙祭祀自然神祇和祖宗先贤,逐渐形成完备的体系。

历代帝王庙

明太祖朱元璋建立明朝后,为缓解汉蒙矛盾,稳定大局,于明洪武六年(1373年)在南京钦天山首次创建历代帝王庙(现已无存),集中入祀上至三皇五帝、下至元世祖的历代帝王,并规定每年春秋致祭,成为国家规模的祭祀典礼。明嘉靖十年(1531年),建北京历代帝王庙,后经明清两代发展成为祭祀历代帝王和功臣名将的皇家庙宇。

历代帝王庙景德崇圣殿(刘雷 拍摄)

北京天坛、地坛、日坛、月坛

明成祖朱棣于永乐十八年(1420年),迁都北京,同年于外城南郊偏东建成天地坛,合祀天地。明嘉靖九年(1530年),恢复天地分祭的制度,于天地坛主殿——大祀殿的南侧建造圜丘坛以祭天,改天地坛为天坛,后发展成为明清两代帝王祭天祈谷的皇家坛庙。

圜丘坛（刘雷 拍摄）

祈谷坛和祈年殿（骆凯 拍摄）

另外，明嘉靖九年（1530年）于城北郊建造地坛——方泽坛祭祀土地神，城东郊建造日坛——朝日坛祭祀太阳神，城西郊建造月坛——夕月坛祭祀夜明之神（月亮），由此恢复四郊分祭的礼制。

地坛拜坛（刘雷 拍摄）

月坛具服殿正殿（张悦琪 拍摄）

北京太庙、社稷坛

明永乐十八年（1420年），遵照《周礼·考工记》中"左祖右社"的规制，于紫禁城南左侧，建成太庙，祭祀祖宗，后被焚毁，又于明嘉靖二十四年（1545年）重建；明永乐十九年（1421年）于紫禁城南右侧，建成社稷坛，祭祀土地神和五谷神。

太庙享殿（刘雷 拍摄）

社稷坛（刘雷 拍摄）

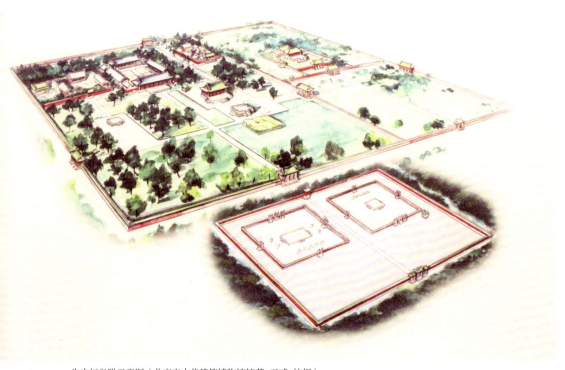

先农坛鸟瞰示意图（北京市古代建筑博物馆馆藏 王威 拍摄）

北京先农坛

先农坛观耕台（骆凯 拍摄）

　　明永乐十八年（1420年），于外城南郊偏西建成山川坛，与天地坛东西相对，祭祀太岁、山川和先农等自然神祇。明嘉靖年间进行改建，增建天神坛和地祇坛，改名为"神祇坛"，后明万历年间又改名为先农坛，清代也沿用此名。

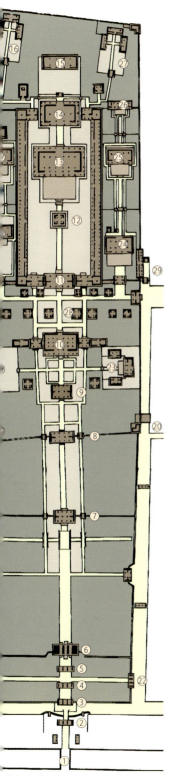

孔庙平面图（王威 赵天宏 绘制）

① 曲阜县城南门
② 金声玉振坊
③ 棂星门
④ 太和元气坊
⑤ 至圣庙坊
⑥ 圣时门
⑦ 弘道门
⑧ 大中门
⑨ 同文门
⑩ 奎文阁
⑪ 大成门
⑫ 杏坛
⑬ 大成殿
⑭ 寝殿
⑮ 圣迹殿
⑯ 神厨
⑰ 启圣殿
⑱ 金丝堂
⑲ 斋宫
⑳ 角楼
㉑ 道冠古今坊
㉒ 德侔天地坊
㉓ 驻跸
㉔ 诗礼堂
㉕ 崇圣祠
㉖ 家庙
㉗ 神庖
㉘ 历代碑亭
㉙ 孔子故宅

曲阜孔庙

孔庙是奉祀我国古代思想家、政治家、教育家及儒家学派创始人孔子的庙宇。位于孔子故乡山东曲阜的曲阜孔庙，始建于鲁哀公十七年（前478年），即孔子逝世后第二年，鲁哀公将孔子的旧居改为"寿堂"，祭祀孔子，此时的曲阜孔庙属于家庙。

汉高祖十二年（前195年），刘邦开辟帝王祭祀孔子的先河，从此曲阜孔庙逐渐由"家庙"演变为"国庙"。到了汉武帝时期，政治上推行"罢黜百家，独尊儒术"，明确了儒家的正统地位。此后，历代帝王不断给孔子加封谥号，曲阜孔庙经过历代的扩建重修，规模越来越大，成为全国规模最大的孔庙。

现存的曲阜孔庙基本是明清时期建造完成的，曲阜孔庙整体平面布局呈长方形，坐北朝南，南北长约1130米，分为九进院落，东西宽约168米，分为东中西三路，占地面积约15万平方米。曲阜孔庙共有100余座建筑，主要建筑奎文阁、杏坛、大成殿等都布置在中轴线上，整体规模庞大，气势恢宏。

曲阜孔庙于1994年被联合国教科文组织列为"世界文化遗产"，与北京故宫、承德避暑山庄并称为"中国三大古建筑群"。

山西解州关帝庙御书楼（刘雷 拍摄）

解州关帝庙

关帝庙是供奉三国蜀汉名将关羽的祠庙。位于关羽故乡山西省运城市解州镇的解州关帝庙，是现存全国最大的关帝庙，始建于隋代，宋大中祥符七年（1014年）重建，明嘉靖时被地震震毁，清康熙四十一年（1702年）又毁于火灾，后历时十余年修复，形成现存的建筑规模。

关帝庙整体平面呈长方形，建筑布局以南北向中轴线对称，南北长约500米，东西宽约210米，坐北朝南，分为前堂后寝两部分。前堂部分沿轴线分别布置端门、雉门、午门、御书楼、崇宁殿，两侧设有牌坊、钟楼、鼓楼等附属建筑；后堂部分设有娘娘殿（已毁）、春秋楼，以及楼前的刀楼、印楼。

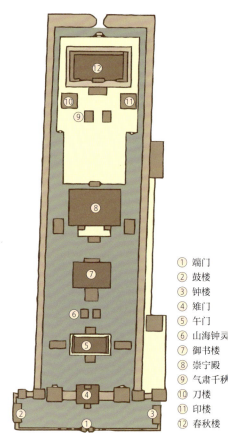

① 端门
② 鼓楼
③ 钟楼
④ 雉门
⑤ 午门
⑥ 山海钟灵
⑦ 御书楼
⑧ 崇宁殿
⑨ 气肃千秋
⑩ 刀楼
⑪ 印楼
⑫ 春秋楼

山西解州关帝庙平面图（王威 赵天宏 绘制）

3 / 如何欣赏坛庙？

坛庙看点

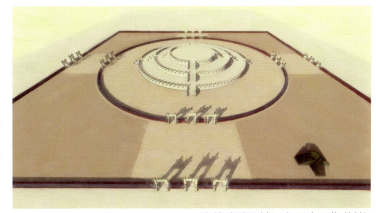

圜丘坛鸟瞰图（赵天宏 王威 田艺 绘制）

祭祀自然神祇的坛庙建筑，需要与自然神灵产生沟通，所以具有"露天"的特点，注重宏伟场景、空旷环境、巨大体量、对称布局、突出主体的空间营造，使人充分融入自然环境之中，达到隔绝尘世喧嚣、天人合一的境界。同时，大量使用数、形象征手法，如阴阳数字的表征作用，天圆地方的寓意等，以此宣扬自然神灵的威严，表达对自然神灵的敬畏，祈求自然神灵的庇佑。

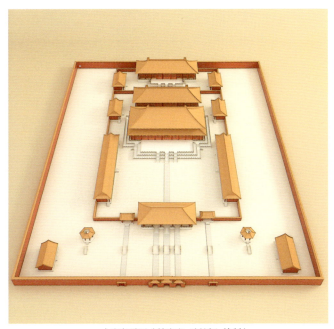

太庙鸟瞰图（林睿之 陈婉钰 绘制）

祭祀人文神祇的坛庙建筑，注重对祖宗、先贤的追思、悼念等情感的表达，加之古人"事死如事生"的观念，所以人文神祇坛庙建筑布局仿照生者所居建筑布局，前堂后寝，轴线居中，对称布置。同时，注重庄严肃穆的整体氛围营造，运用匾额、字画、雕刻、家规家训等建筑装饰、小品、构筑物，以表达人文神祇坛庙建筑深厚的人文内涵，强调其教人育人的教化作用。

著名的坛——北京天坛

北京天坛始建于明永乐十八年（1420年），位于北京正阳门外，主要包括祈年殿建筑群、皇穹宇建筑群、圜丘坛、神乐署建筑群、斋宫建筑群等，是明清两代帝王每年冬至日进行祭天活动和孟春（农历正月）举行祈谷礼的场所。1961年被国务院公布为"全国重点文物保护单位"，1998年被联合国教科文组织列为"世界文化遗产"，现已开放为天坛公园，成为具有公共属性的市民公园和著名的旅游景点。

天坛总平面布局

天坛南北宽约1600米，东西长约1700米，占地面积约273万平方米，相当于紫禁城面积的四倍。整体由呈"回"字形的两层坛墙分为内坛和外坛两部分，两层坛墙呈"北圆南方"的形状，象征"天圆地方"。

"天圆地方"示意图（陈婉钰 绘制）

天坛的南北向轴线位于天坛中线偏东位置，将天坛整体分为东、西两部分，主要建筑沿南北轴线布置；其中内坛部分又被位于皇穹宇北侧的东西向横墙分为南、北两部分。

① 皇乾殿
② 祈谷坛
③ 丹陛桥
④ 皇穹宇
⑤ 圜丘坛
⑥ 斋宫
⑦ 神乐署
⑧ 神厨、神库
⑨ 宰牲亭
⑩ 牺牲所
⑪ 钟楼

天坛示意图

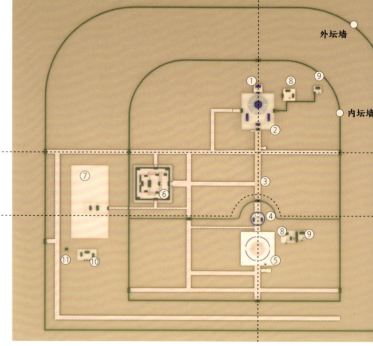

天坛内外坛、轴线及各建筑示意图（赵天宏 王威 陈婉钰 绘制）

天坛的主要建筑集中在内坛范围，包括内坛北侧用于举行祈谷礼的祈年殿建筑群，内坛南侧用于进行祭天活动的圜丘坛和皇穹宇建筑群，以及连接祈年殿建筑群和皇穹宇建筑群的丹陛桥，还有内坛西侧用于皇帝祭天前进行斋戒的斋宫建筑群，另外，外坛西侧还设置专司明清两代皇家祭祀大典乐舞的机构——神乐署建筑群。

圜丘坛

位于天坛南北向轴线南端的圜丘坛是明清两代帝王举行祭天大典的场所，由内圆外方两重壝（wéi）墙（坛、墠之外的矮土围墙）围绕中心的三层圆形石坛台组成。且每重壝墙四面各辟棂星门，整体布局呈"十"字对称，严谨规整，中心突出。

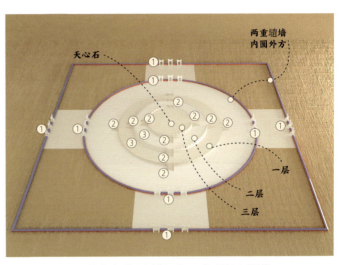

圜丘坛坛台透视图（赵天宏 王威 陈婉钰 绘制）

① 棂星门
② 九级台阶
③ 坛台

位于圜丘坛正中心的坛台，从下至上，由三层逐渐内收的艾叶青石坛面组成，每层坛面四周都围以汉白玉栏杆和栏板，且四面各出九级台阶。

圜丘坛各构件

上层圆形坛面中心是一块圆形石板，称为"天心石"，是举行祭天大典仪式时宣读祭文所站的地方。围绕天心石四周，环状铺砌扇形台面石，第一圈铺砌9块，第二圈铺砌9×2=18（块），第三圈铺砌9×3=27（块），以此类推，共铺砌9圈。

中间层圆形坛面，围绕上层圆形坛面四周，环状铺砌从第10圈到第18圈的扇形台面石，共铺砌9圈；底层圆形坛面，围绕中间层圆形坛面四周，环状铺砌从第19圈到第27圈的扇形台面石，共铺砌9圈。

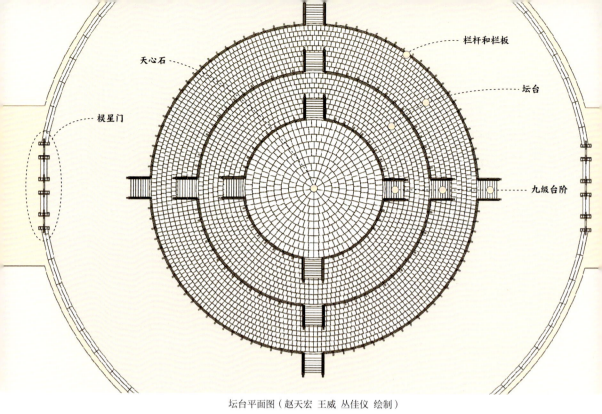

坛台平面图（赵天宏　王威　丛佳仪　绘制）

  从坛台的砌筑方式中可以解读出古人设计圜丘坛时运用的"数字"象征手法。在古人的观念中，阳数又称天数，代表天。在坛台设计中，大量使用1、3、5、7、9这些阳数，其中，更是强调9这一至阳之数的运用。首先，坛台分为3层，每层四面各出9级台阶；其次，每层坛面环状铺砌9圈台面石，每圈台面石个数皆以9为基数；此外，三层坛面的直径，从上至下依次为3×3=9（丈），3×5=15（丈），3×7=21（丈），三层坛面直径加在一起为45=9×5（丈），寓意九五至尊。

  在"形状"的象征手法表达方面，首先，两重壝墙"内圆外方"象征"天圆地方"；其次，坛台是进行祭天活动的场所，设计成圆形坛台，象征"天"，以求天人相接。

  在整体构图方面，平面采用"十"字对称布局，立面通过与两重低矮围墙的高度对比，使位于中心的坛台突出，成为视觉焦点。另外，坛台周边空旷的环境、稀疏的建筑密度、与坛台高度相近的周边树木，营造出仿佛置身林海顶端、隔绝喧嚣、可与上天对话的场景氛围，从而达到天人合一的境界。

  在两重壝墙之间，设置有祭天大典时用于"燔柴迎帝神"烧松柏木的燔柴炉，祭祀天神的祝帛（蓝色绸缎）、祝版（祭文）和牺牲等也在炉内被焚烧。

燔柴炉主体呈圆柱形，东、西、南三面各砌九级台阶，用于投放贡品；炉体北面开口，用于添柴加火。

燔柴炉示意图（赵天宏 王威 陈婉钰 绘制）

皇穹宇建筑群

皇穹宇建筑群位于圜丘坛北侧，主要包括皇穹宇正殿、东西配殿、回音壁、琉璃门和甬道。

其中，皇穹宇正殿是平日里用于供奉祭天大典时所祭祀的神仙牌位的建筑。始建于明嘉靖九年（1530年），初名泰神殿，后于明嘉靖十七年（1538年）改名为皇穹宇。建筑的平面为圆形，屋顶为攒尖顶形式，坐北朝南，是皇穹宇建筑群中最主要的建筑。

皇穹宇

皇穹宇透视图（赵天宏 王威 陈婉钰 绘制）

东西配殿位于皇穹宇东西两侧，为五开间歇山顶建筑，用于供奉祭天大典时配祀诸神的神仙牌位。东配殿供奉"大明之神""北斗七星之神""木火土金水之神""28宿之神"和"周天星辰之神"的牌位；西配殿供奉"夜明之神""云师之神""雨师之神""风伯之神"和"雷师之神"的牌位。

皇穹宇建筑群鸟瞰图（赵天宏 王威 陈婉钰 绘制）

在皇穹宇正对面的南端是三座相连的歇山顶拱券琉璃门；琉璃门和皇穹宇之间铺设一条由20块石板组成的甬道，由北向南数，甬道的第1、2、3块石板分别称为"一音石"、"二音石"和"三音石"，第十八块石板称为"对话石"，其中蕴含着奇妙的声学现象，在后续章节中将对天坛声学现象做详细阐述。

回音壁是与琉璃门相接的圆弧形围墙，将皇穹宇正殿、东西配殿包围在其中，使用优质"澄浆砖"，运用磨砖对缝的方法砌筑而成，墙体致密坚硬，光滑整齐，对声音反射效果显著，也称为"传声墙"。

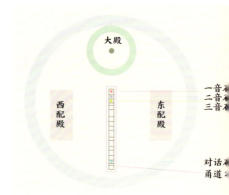

甬道、三音石、对话石位置示意图（李天霓 王威 绘

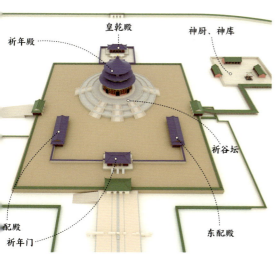

祈谷坛建筑群鸟瞰示意图
（赵天宏　王威　陈婉钰　绘制）

丹陛桥和祈谷坛
建筑群

祈谷坛建筑群

位于天坛南北向轴线北端的是祈谷坛建筑群，主要由南北向排列的一大一小两个长方形院落及其中的主要建筑组成。主要建筑包括：皇乾殿、祈谷坛、祈年殿、祈年门、东西配殿以及东、西、南、北壝墙门。

其中，祈年殿和祈谷坛是明清两代皇帝举行祈谷礼、祈祷五谷丰登的主要场所。祈谷坛是祈年殿的台基，从下至上，由三层逐渐内收的圆形坛台组成，坛面铺砌"金砖"，每层坛台四周围以汉白玉栏杆，坛台南北两侧三出陛（台阶），东西两侧一出陛，每层台阶均为九级。

祈年殿建在祈谷坛之上，圆形平面，屋顶为三重檐圆形攒尖顶，举行祈谷礼时，殿内供奉"昊天上帝"的牌位。始建于明嘉靖二十四年（1545年），初名大享殿，三重屋檐由上至下依次为蓝色、黄色和绿色。后于清乾隆十六年（1751年）改名为祈年殿，"祈年"寓意祈祷五谷丰登，并于清乾隆十七年（1752年）将三色的三重屋檐统一改为蓝色。蓝色的琉璃屋顶与红黄色的殿身以及白色的坛台相搭配，色彩分明而协调，尽显壮丽和恢宏。

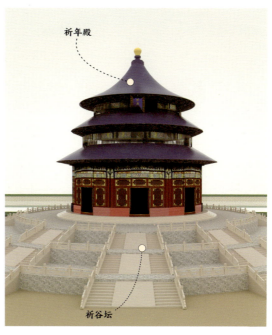

祈谷坛和祈年殿透视图（赵天宏　王威　陈婉钰　绘制）

位于天坛南北向轴线最北端的皇乾殿是用于平日供奉"昊天上帝"和皇帝列祖列宗牌位的建筑。皇乾殿是明代留存下来的建筑，且建筑等级较高，大殿坐北朝南，面阔五间，屋顶为蓝色琉璃瓦庑殿顶，庑殿顶是建筑屋顶形式中的最高等级，综上可见皇乾殿的重要地位。

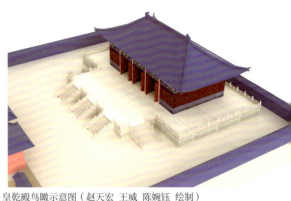

皇乾殿鸟瞰示意图（赵天宏 王威 陈婉钰 绘制）

丹陛桥

丹陛桥是连接皇穹宇建筑群和祈年殿建筑群的甬道，总长约360米，宽约30米，桥体北高南低，北端高约4米，南端高约1米。丹陛桥两侧遍植松柏，从南向北行走，步步高升，如临天界。桥面分为东、中、西三部分，中间的石板路为神道，供昊天上帝行走；东侧的砖路为御道，供皇帝行走；西侧的砖路为王道，供王公大臣行走。

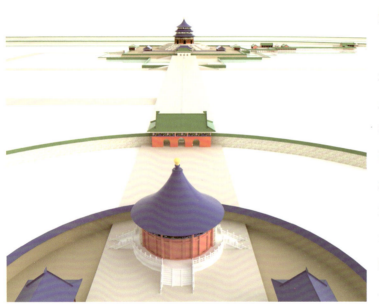

丹陛桥示意图（赵天宏 王威 陈婉钰 绘制）

丹陛桥因桥面下有两孔券洞而称为桥，祭祀用的牺牲（古代祭祀用的牛、羊、猪等牲畜）等祭品，需要在祭祀前从天坛西南角的牺牲所赶到东北角的宰牲亭宰杀，这些牲畜不能在桥面上行走，以示对天神的尊敬，所以在桥面下开辟桥洞，专门用于宫人运送牲畜和其他祭品。

斋宫建筑群

斋宫建筑群位于天坛内坛的西侧，是皇帝祭祀前进行斋戒的场所，以示对天的尊敬。建筑组群坐西朝东，由两重城壕围绕两重宫墙以及围合其中的各建筑组成。主要建筑包括正殿、寝殿、钟楼和各方向的宫门。

斋宫的正殿用于皇帝在斋戒期间召见朝中大臣议事。正殿为无梁殿，是无柱的砖石结构，坐西朝东，面阔五间，屋顶为庑殿顶形式，上覆绿色琉璃瓦，而非黄色，以表达帝王向天神俯首称臣，恭敬谦卑之意。

寝殿是皇帝斋戒期间的住所，坐西朝东，面阔五间，屋顶为硬山顶形式，上覆绿色琉璃瓦，等级次于正殿。另外在斋宫的东北角还设置有一座重檐歇山顶二层钟楼，内悬太和钟，用于皇帝进出斋宫时鸣钟迎送。

斋宫和神乐署建筑群

斋宫建筑群鸟瞰示意图（赵天宏 王威 陈婉钰 绘制）

神乐署建筑群

神乐署建筑群位于天坛外坛的西侧，是专司明清两代皇家祭天大典乐舞的机构。神乐署始建于明永乐十八年（1420年），初名神乐观，清乾隆八年（1743年）改称神乐所，清乾隆二十年（1755年）又改称为神乐署。

神乐署建筑群鸟瞰示意图
（赵天宏 王威 陈婉钰 绘制）

神乐署建筑群平面为长方形，由东西向三进院落及其中的建筑组成，主要建筑包括：前殿凝禧殿、后殿显佑殿和神乐署大门。前殿面阔五间，单檐歇山顶，明初称为太和殿，后清康熙年间改为凝禧殿，用于排演祭祀大典；后殿面阔七间，单檐悬山顶，明初称为玄武殿，后改称显佑殿，用于供奉玄武大帝以及诸乐神。

神厨、神库、宰牲亭建筑群

为方便运送举行祭天大典和祈谷礼时使用的祭品，分别在圜丘坛建筑群和祈谷坛建筑群的附近建设配套的附属建筑——神厨、神库、宰牲亭建筑群。神厨用于制作祭品，神库用于储存制作完成的祭品，宰牲亭是宰杀牲畜的地方。

祈谷坛建筑群配套神厨、神库、宰牲亭建筑群
鸟瞰示意图（赵天宏 王威 陈婉钰 绘制）

祈谷坛配套神厨等

祈谷坛建筑群的配套神厨、神库、宰牲亭建筑群主要包括：七十二连廊，神厨、神库和宰牲亭。其中七十二连廊连接着祈谷坛东墙门和神厨、神库以及宰牲亭院落，明清时期是用于运送祭品的通道，天坛开放为公园和景点后，连廊作为游廊供游客休息使用。

圜丘坛建筑群的配套神厨、神库、宰牲亭建筑群主要包括：神厨、神库、宰牲亭和三库院。其中三库院是储存祭祀大典时使用的祭祀乐器、棕荐和祭器的地方。

天坛回响——天坛声学现象

天坛回响包括回音壁、三音石（包括一音石、二音石）、天心石和对话石四组声学现象。

天心石的共鸣　圜丘坛坛台正中心的圆形石板称为"天心石"，站在天心石上击掌，可听到从四面八方传来的两三个回声。

"天心石"又称为"亿兆景从石"。"亿兆"形容百姓之多；"景"通"影"，指紧相追随。帝王在天心石上训谕，多重回声叠加，声音浑厚响亮，似有万众迎合之势，以此体现天下百姓对于帝王的一致响应，象征神权与王权的权威。

天心石回声机理

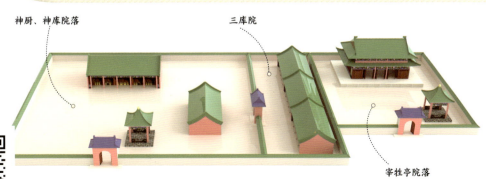

圜丘坛建筑群配套神厨、神库、宰牲亭建筑群鸟瞰示意图（赵天宏　王威　陈婉钰　绘制）

圜丘坛配套神厨等

那么，天心石声学现象是如何形成的呢？人站在天心石上击掌，第一个回声是掌声传到围栏下半部的石板上，被反射到同侧台面，再反射回人耳处。

第二个回声是掌声传到围栏上半部，被反射后传到另一侧台面上，又被台面反射到相对的围栏上，再被围栏反射回人耳处。

第三个回声是围栏中部雕花部分的散射波，经历约三倍直径路程后才传回人耳处，声音在此过程中衰减，所以在击掌声较轻或噪声较大时，可能会听不到。

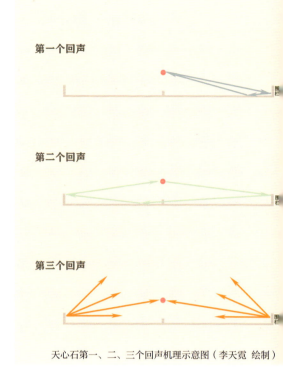

天心石第一、二、三个回声机理示意图（李天霓 绘制）

回音壁的诉说 回音壁是具有回声效果的圆形围墙，人站在回音壁的一端说话，在另外一端可以清晰地听到对方的话。这是因为在靠近墙面的某个地方说话时，声音沿着围墙表面传播，在内墙面经连续多次的全反射后传递到另一端，使得人在围墙的任何一处都能听到。

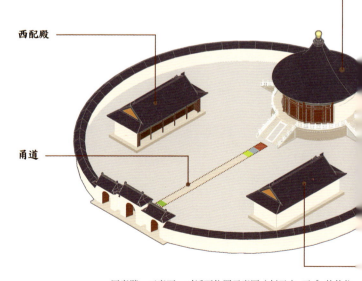

回音壁、三音石、对话石位置示意图（赵天宏 王威 丛佳仪

皇穹宇内所有声学现象都与回音壁相关，圆形墙面对声音的反射会聚作用，是产生各种声学现象的主因。另外，回音壁采用山东临清特产优质"澄浆砖"，运用磨砖对缝的方法砌成，墙体致密坚硬，光滑整齐，对声音反射效果显著。

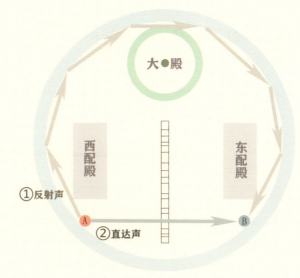

回音壁回声机理示意图（李天霓 绘制）

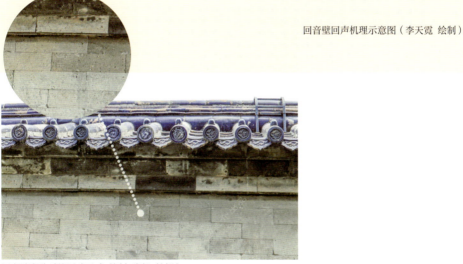

回音壁磨砖对缝图（王威 绘制 骆凯 拍摄）

■ 一音石
■ 二音石
■ 三音石
■ 对话石

三音石（包括一音石、二音石）的告白

一音石、二音石和三音石是指皇穹宇殿前甬道上，由北往南数的三块石板。站在第一块石板上击掌，可听到一次回声，称为一音石。站在第二块石板上击掌，可听到两次回声，称为二音石。站在第三块石板上击掌，可听到三次回声，称为三音石。

三音石回声机理

第五章 中国古代坛庙

"三音石"又称为"天若闻雷石",正所谓"人间私语,天若闻雷",在人间窃窃私语,在天上就像打雷那么响。站在三音石上说话,多重回声叠加,声音被放大,洪亮浑厚,仿佛天帝和皇帝都可以听到,以此警示世人谨言慎行,对帝王忠诚。

站在三音石上击掌,可以听到三个回声,第一个回声是由于东西配殿的殿墙和墙基的反射叠加而成,第二个回声是由于回音壁对声音的第一次反射和会聚,第三个回声是由于回音壁对声音的第二次反射和会聚。一音石、二音石的回声机理与三音石回声机理相似。

三音石回声机理示意图(李天霓 绘制)

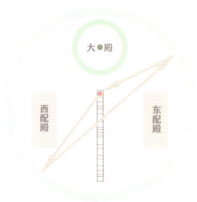

一音石回声机理示意图(李天霓 绘制)

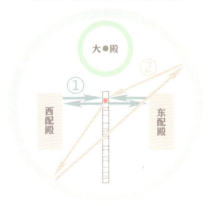

二音石回声机理示意图(李天霓 绘制)

对话石的耳语　"对话石"是皇穹宇殿前甬道上由北往南数的第18块石板,人站在对话石A处说话,可与站在距此约36米远的东配殿东北角B处的另一人互相对话。这是由于有效墙面对声波的反射会聚作用而形成的,同理B'处传声机理相同。

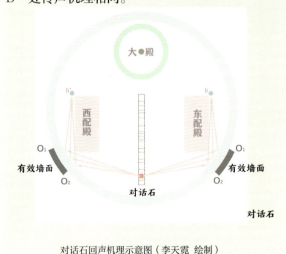

对话石回声机理示意图(李天霓 绘制)

著名的庙——北京太庙

北京太庙位于故宫东南方，依据《周礼·考工记》中"左祖右社"的规制选址建设，与故宫西南方的社稷坛相对而立，是明清两代皇家祭祀祖先的礼制建筑群。

北京太庙始建于明永乐十八年（1420年），后被雷击焚毁，于明嘉靖二十四年（1545年）重建，历经明清两代形成现有规模。太庙是中国现存规模最大、等级最高、保存最完整、最具代表性的帝王宗庙。1988年被国务院列为全国重点文物保护单位，现为劳动人民文化宫。

北京太庙透视图
（林睿之 陈婉钰 绘制）

① 祧庙　④ 正殿　⑦ 外部院落
② 东配殿　⑤ 内部院落　⑧ 西配殿
③ 寝殿　⑥ 戟门

① 琉璃门
② 金水河
③ 单孔桥
④ 盝顶六角亭

太庙

北京太庙建筑组群整体平面为南北长、东西窄的长方形，由内外两重长方形围墙及围绕其中的建筑组成，主要建筑沿南北中轴线纵向排列，其他建筑对称分布在中轴线两侧。

北京太庙平面图（林睿之 陈婉钰 绘制）

太庙外部长方形围墙南北长约 272 米，东西宽约 208 米，南侧围墙中部开辟五座庑殿顶琉璃砖门，中间三座相连，两侧旁门各一座。外部院落南端布置有一条东西向金水河，河上架设七座单孔桥，东西两端的石桥分别连接两座对称的盝顶六角井亭。另外，在外部院落的西南角和东南角分别建有神厨和神库，用于制作祭品和储藏制作完成的祭品。

太庙内部长方形围墙及其中的建筑是太庙的主体，沿南北轴线展开建筑序列，由南向北依次布置戟门、正殿、寝殿和祧庙，两侧配以各自的东西配殿。祧庙位于轴线北端，与正殿和寝殿间有围墙相隔，自成院落。

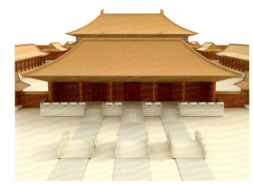

戟门透视图（林睿之 陈婉钰 绘制）

太庙建筑组群主体部分从戟门开始，由南向北展开序列。中央为大戟门，两侧各设一座小戟门，戟门是用于展示威仪的门屋，大戟门面阔五间，单檐庑殿顶，门内原列戟 120 根，以示皇家威严。

正殿是太庙的核心建筑，用于举行祭祖大典。正殿坐北朝南，建于三层须弥座之上，面阔十一间，重檐庑殿顶，上覆黄色琉璃瓦。殿前有宽阔的月台可用于举行仪式和摆放祭祀用品。正殿的东西配殿各十五间，单檐歇山顶，东配殿用于供奉王公贵族，西配殿用于供奉异姓功臣。

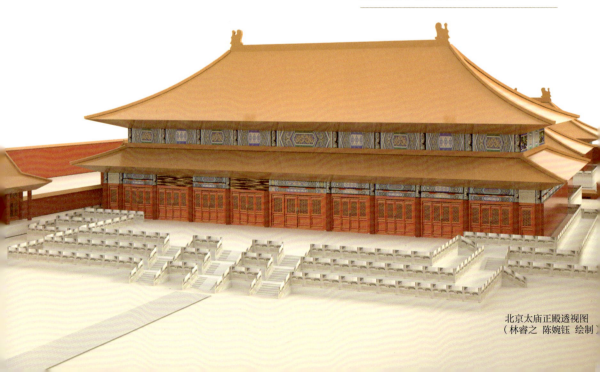

北京太庙正殿透视图
（林睿之 陈婉钰 绘制）

北京太庙寝殿透视图（林睿之　陈婉钰　绘制）

北京太庙祧庙透视图（林睿之　陈婉钰　绘制）

寝殿位于正殿北侧，台基与正殿台基相连，坐北朝南，面阔九间，单檐庑殿顶，上覆黄色琉璃瓦，是用于供奉历代帝后牌位的建筑。寝殿的东西配殿各五间，单檐歇山顶，用于储存祭器。

祧庙位于轴线北端，用于供奉因年代久远、血缘关系疏远而从寝殿搬出的祖宗牌位。建筑形制与寝殿类似，也为坐北朝南、面阔九间、单檐黄琉璃瓦庑殿顶建筑。

北京太庙作为皇家祭祖建筑群，在建筑形制、规划布局和环境塑造等方面都精心设计，营造庄严肃穆、恢宏大气的整体氛围，以表达对祖先的崇拜和敬畏之心。

在规划布局上，太庙作为祭祖的礼制建筑群，采用严格的对称布局，主要建筑沿中轴线南北布置，次要建筑关于轴线对称布置。另外，因古人"事死如事生"观念的影响，也采用前堂后寝的布局形式；

在建筑形制上，采用如三层台基、黄色琉璃瓦、庑殿式屋顶、面阔九间的建筑、宽阔的月台等形式，皆属于建筑最高等级，以凸显太庙的重要地位。在环境塑造上，太庙围墙外侧遍植松柏等常青树，以营造庄严、古朴的氛围。

坛庙有话说

坛庙建筑作为儒家思想具体体现的礼制建筑类型之一，具有极高的重要性和地位。它是一种思想性建筑，在建筑的整体规划、平面布局、构图、空间塑造、环境设置、建筑装饰等方面借助象征、隐喻、写意、对比等手法，传达某种思想或诉求，重在整体性、氛围感及空间意向的塑造。

因此，无论是在思想文化内涵还是建筑设计手法等方面都值得后人深入挖掘和思考，北京的九坛八庙是明清两代坛庙建筑制度化、规范化、成熟化之后形成的规模，是坛庙建筑的典型代表。

第六章

中国古代陵墓

1. 陵墓建筑，是什么？/ 120
2. 陵墓建筑是如何演变的？/ 126
3. 如何欣赏陵墓？/ 142
4. 陵墓有话说 / 147

1 陵墓建筑,是什么?

▎陵墓建筑概述

陵墓建筑属于**凶礼**建筑的类型之一,是指专门用于安葬和祭祀中国古代帝王的墓葬,包括安葬的主体、地下墓室建筑、地面陵园建筑及其附属设施。其中,"陵"字的原意是高大的山丘,后引申特指帝王墓葬。

陵墓建筑一般分为地上和地下两部分:地下墓室建筑部分主要用于埋葬死者遗体和埋藏随葬品等;地上陵园建筑部分,包括献殿、寝宫、陵庙、方城明楼等建筑及神道、石像生等附属设施,作平日供奉和祭祀使用。总的来说,陵墓建筑是集安葬和祭祀功能于一体的综合性建筑。

> **小知识　凶礼建筑是什么?**
> 中国古代礼制建筑中的凶礼建筑,是与丧葬、致奠、疾病等礼仪制度密切相关的建筑。

▎中国古代陵墓制度

陵墓制度是**中国古代历代帝王墓葬及其附属设施以及各种制度规范的总和**。陵墓制度主要体现在**实体建造规制**和**行为规范**两个方面,其中**实体建造规制**主要包括陵园规划布局、陵墓建筑布置规则、棺椁制度等**建筑规制**和葬式、葬制、葬具等**埋葬制度**;**行为规范**主要包括规定生者在死者死后各个时期内的衣食住行和言谈举止的**丧礼制度**和**丧服制度**等。

中国古代**陵墓制度**主要有以下**三点特征**:

01 具有鲜明的等级差别

陵墓制度作为帝王宣示权威、巩固统治、卫护宗法的一个重要方面，历代皆有定制，代代相继，形成传统，并且**等级分明**，**不可逾越**。帝王陵墓与一般臣民墓存在十分明显的等级差别，主要体现在墓葬规模、建筑形式、随葬品数量与规格以及丧礼级别、丧服着装等方面。

唐宋元明清关于墓地和坟丘的规定

	唐		宋		元	明		清	
	墓地	坟丘	墓地	坟丘	墓地	墓地	坟丘	墓地	坟丘
公侯						100	20		
一品	90	18	90	18	90	90	18	90	16
二品	80	16	80	16	80	80	16	80	14
三品	70	14	70	14	70	70	14	70	12
四品	60	12	60	12	60	60	12	60	10
五品	50	9	50	10	50	50	10	50	8
六品	20	7	40	8	40	40	8	40	6
七品以下	20	7	20	8	20	30	6	20	6
庶人	20	7	18	6	9	30	6	9	4

说明：1.墓地单位：方步；坟高单位：尺。
2.历代每尺长度折合今公制如下：唐0.280—0.313米；宋0.309—0.328米；明0.320米；清（1840年前）0.310米。
3.每方步约5—6尺。

唐宋元明清关于墓地和坟丘的规定（王威 绘制）

秦始皇陵兵马俑坑出土陶俑（中国国家博物馆馆藏 骆凯 拍摄）

例如：帝王陵墓的地上封土称为"陵"，一般为高大的土丘或山陵；王公贵族墓的封土远不及帝王陵墓，根据官职等级大小而异，官职越大封土越高大；平民百姓的坟墓通常为矮小的土包，有的甚至不起坟。

帝王和王公贵族的墓葬中一般配有大量随葬品，帝王随葬品极尽奢华，如青铜器、玉器、金银、陶器、人殉、车马坑、陶俑等，秦始皇兵马俑坑是帝王陵墓随葬品高规格的一种体现；王公贵族墓葬也根据等级高低分别埋有不同数量和规格的随葬品；平民百姓的坟墓只能埋象征性的物器模型——明器随葬，而且数量还受规制约束，不能太多。

02 蕴含根深蒂固的宗法伦理观念

宗法伦理观念在古人心中占有十分重要的地位，可谓根深蒂固。陵墓建筑作为古代墓葬的集大成者，处处体现着宗法伦理意向。其中，陵区的产生和发展与宗法制度密不可分。古代社会聚族而葬，同一宗族的先祖和子孙后代，死后必定要葬在一处。皇家的陵区亦是如此，它是指同一家族血统的历代帝王陵墓建在同一片区域的形式。

早在南朝齐、梁两代，帝王陵墓就采用皇室贵族聚族而葬的形式。此后，除朝代持续时间短、战乱、皇帝意志等特殊原因，各代皆继承陵区制度，一直延续至明清两代，陵区制度得到高度发展和完善。

另外，昭穆制度是陵墓建筑中古代伦理秩序的一个重要体现。昭穆制度是指古代宗庙或墓葬中对不同辈分的位置次序的排列规则，在陵墓建筑中是指各代帝王陵墓的葬位次序。昭穆制度规定，始祖居中，左昭右穆，以父为昭，子为穆，父子异侧，祖孙同侧，以此区分宗族内部的长幼次序、亲疏远近。但在实际建造中并不死板地恪守规矩，也会根据实际情况有所调整。

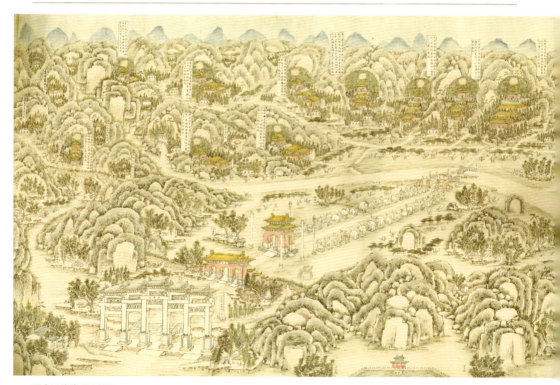

明十三陵陵区示意图

03 受"风水理论学说"的深刻影响

"风水理论学说"也称为"堪舆学说",可以理解为有一定迷信色彩的地理环境选择论。其宗旨是审慎周密地考察自然环境,顺应自然,有节制地利用和改造自然,创造良好的居住环境,以臻天时、地利、人和诸吉咸备,达到天人合一的至善境界。但另一方面也反映出强烈的主观意愿,古人认为风水有好坏之分,风水宝地可以庇佑子孙,造福后代,而风水不佳之地则后患无穷。

帝王陵墓更是受到"风水理论学说"的深刻影响,主要体现在陵墓建筑环境的选址、规划布局等方面。例如:陵墓建筑选址时,一般选择三面或四面山峰环抱,且地势北高南低、背阴面阳的内敛型盆地或台地,称为"穴"。这种"穴"的模式,被认为能够"藏风聚气",是具有良好生态景观环境的绝佳风水格局,以此表达帝王之气永存,江山永固的希冀。

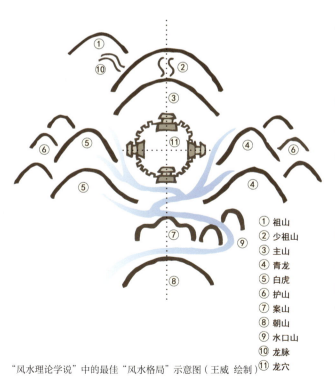

① 祖山
② 少祖山
③ 主山
④ 青龙
⑤ 白虎
⑥ 护山
⑦ 案山
⑧ 朝山
⑨ 水口山
⑩ 龙脉
⑪ 龙穴

"风水理论学说"中的最佳"风水格局"示意图(王威 绘制)

> 用现代的观点来解释,这种"穴"的典型模式,是利用自然形成或人工改造过后的山水环抱的微地形,营造具有良好的光照、通风等生态环境条件的小气候,形成良性生态循环。

陵墓建筑的思想文化内涵

在古代，人类尚无法科学地解释人为什么会死亡的时候，出于对死者的不舍、留恋以及对未知死亡的恐惧，他们认为死亡的只是肉体，而灵魂不死，灵魂脱离肉体后在另外一个世界获得永生，所以古人便尽量营造与死者生前相同的环境状态，以此供奉、祭祀死者灵魂，即"事死如事生"，以求灵魂安宁，庇佑生者。

"事死如事生"的思想观念在陵墓建筑中得到高度体现，历代帝王一般都在在位时，提前建造自己的陵墓，投入大量劳力，持续时间长，耗资巨大，极尽奢华，从各个方面仿照帝王生时所居住和使用的宫殿建筑建造陵墓建筑，如建筑形式，建筑布局，建筑装饰等；另外，帝王希望自己死后仍能够在另外一个世界拥有绝对的权威，所以会有人殉、车马坑、人形陶俑等随葬品，通过这种方式来宣示天子权威，即使死后也要奴役和控制百姓。

曾侯乙墓出土青铜冰鉴（中国国家博物馆馆藏 骆凯 拍摄）

墓葬是指遵循一定的风俗习惯和思想观念，按照一定的方式对死者进行埋葬。它是当时人们思想意识指导下的产物，同时也受限于当时社会的生产力发展水平，因此墓葬能反映当时社会的物质与精神文化。而陵墓建筑作为中国古代墓葬的集大成者，其所反映出的物质文化和精神文化内涵趋于当时的最高水准，极具重要性。

物质文化在陵墓建筑中的体现易于理解，主要集中在陵墓建筑的随葬品和建筑形式等方面，历代帝王陵墓建筑的随葬品都采用当时社会生产最先进的物品，例如：曾侯乙墓中发掘出大量精美的青铜礼器，反映出商周时期高超的冶炼、铸造青铜器的水平。

精神文化在陵墓建筑中主要体现在政治制度、思想意识和艺术审美等方面，其中政治制度方面，是指历代统治者通过礼制制度规范生者的行为，以此维系社会伦理道德观念，进而巩固统治。例如：历代帝王驾崩后，要举行国丧，在服丧期间，天下吏民皆为天子戴重孝，并不准饮酒食肉、嫁女娶妇等。

思想意识方面主要反映在帝王以及政治家、思想家的政治主张、思想观念和信仰等方面，例如：宋代帝王极度迷信"五音姓利"之说，将其作为陵墓建筑选址和规划布局的指导法则，导致各陵地势南高北低，由南向北，越靠近中心位置地势越低，整体气势大大削减。

艺术审美方面主要反映在陵墓建筑的建筑形式、装饰和随葬品等方面，例如：陵园建筑的屋顶形式，琉璃瓦、木材等用料，墓室中的壁画、乐器、手工艺品以及石碑石刻、石像生等，都代表了当时社会艺术审美的最高水平。

明十三陵神道石像生（刘雷 拍摄）

2 / 陵墓建筑是如何演变的？

陵墓建筑的发端起源——商至东周早期

古帝王陵墓

先秦文献记载以及考古发掘的实例证明，东周以前的墓葬普遍实行"不封不树"的制度，即墓穴地面上不建封土等明显标志。现存的古帝王（三皇五帝）陵墓，如黄帝陵、少昊陵、大禹陵等，都是古人根据口述史以及文献资料来指出陵墓的大致方位，在其上补建地面建筑而成，属于为了追念古帝王功德而建的纪念性建筑，尚无考古实例能够证明其真实性。

值得注意的是，在仰韶文化聚落遗址中发掘出区别于普通墓葬的特殊墓葬，其位置与古史传说中古帝王的活动范围相近，虽尚无研究证实其为古帝王陵墓，但足以说明随着社会的发展，在当时已经出现了专门为特殊身份者建造的特殊墓葬。并且经考古发掘证实，仰韶文化晚期至龙山文化早期，棺椁制度已初步产生。

商周时期的陵墓建筑

商周时期的陵墓建筑依然保持"不封不树"的特点，但相比于"三皇五帝"时期已有一定发展。陵墓地面部分，填土夯实，不筑封土，但经考古发掘，已在殷商大墓的地面部分发现同期建筑遗迹，说明当时的陵墓地面部分已建有附属建筑，功能尚不确定，可能为祭祀或他用；陵墓地下部分，墓室为竖穴土坑木椁结构，由木

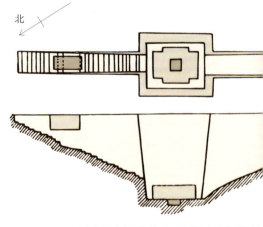

河南安阳后岗殷代墓平、剖面图（王威 绘制）

材构筑椁室，棺置于椁室正中，并连接有1~4条墓道，呈"亞"字形（四条墓道）、"中"字形（两条墓道）或"甲"字形（一条墓道）平面。

目前能被考古发掘所证实的、学术界公认年代最早的中国古代帝王陵墓是河南安阳殷墟商代晚期王陵。

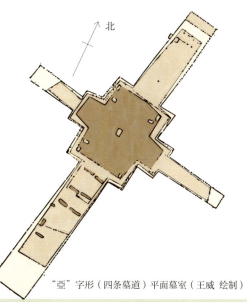

"亞"字形（四条墓道）平面墓室（王威 绘制）

陵墓建筑的初步形成
——春秋晚期至秦代

春秋战国时期的陵墓建筑

从春秋晚期开始，封土墓在中原地区普遍出现。这是由于宗法制度的破产和大土地所有制的发展，传统的宗族墓葬制度被淘汰，取而代之的是家族墓葬，并且墓地可以自由买卖，官僚富商便自由修建自家墓地，通过地上封土显示富有和权威，因而封土墓流行起来。其中，帝王陵墓的地上封土一般为高大的土丘，称为"陵"。

战国时期，陵墓建筑的封土日渐高大，封土之上也出现附属建筑。在考古发掘出的战国陵墓中，河北平山中山王陵极具研究价值，陵墓中出土的《兆域图》，应为陵园的整体规划布局平面图，图中标注宫垣、坟冢、附属建筑的具体名称、所在位置和尺寸。其中，在内宫垣以内筑有"凸"字形高丘，高丘之上建有王堂、哀后堂、王后堂等建筑，反映出战国时期陵园建筑的规制，以及确有在陵墓封土之上建造建筑的做法。

至春秋战国时期，陵墓建筑从地下发展到地上，从单体建筑演变为陵园建筑群，已基本形成一套完整的制度。

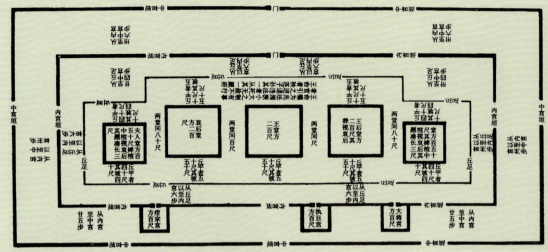

中山王陵铜版《兆域图》摹译本（北京市古代建筑博物馆馆藏）

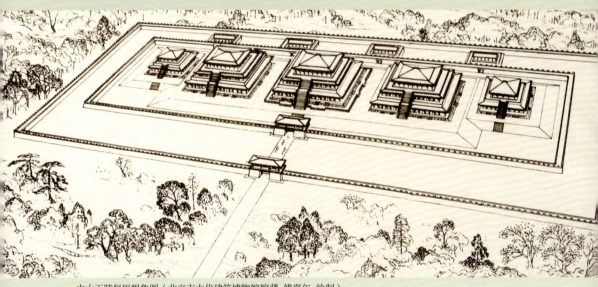

中山王陵复原想象图（北京市古代建筑博物馆馆藏 傅熹年 绘制）

秦代的陵墓建筑

　　秦始皇统一六国后，即选址兴建陵墓，在春秋时期秦陵旧制的基础上，广泛吸收战国时期诸王陵的优点，动用大量劳力，耗时近40年，建成历史上规模最大的一座帝王陵墓。

　　秦始皇陵位于今陕西省西安市临潼区，骊山北麓，渭水之南。秦始皇陵陵区分陵园区和从葬区两部分，陵园区位于陵区中部，坐西朝东，由内、外两重南北长、东西短的长方形城墙及围绕其中的陵体、墓室以及附属建筑等组成。

陵体位于内城南部中央，平面近似方形，南北长 350 米，东西宽 345 米，高 43 米。外重城墙四面各辟一座城门，内重城墙辟五座城门，北墙辟二门，其中内外城东、西、南三座城门相对，且与陵体中心相对应。

① 陪葬坑
② 陈王村
③ 郑庄
④ 石料加工遗址
⑤ 山任窑址
⑥ 兵马俑坑
⑦ 修陵人墓地
⑧ 姚池头
⑨ 马厩坑

秦始皇陵陵园平面图（王威 赵天宏 绘制）

秦始皇陵墓室未经发掘，经探测分析，地宫位于封土台顶及周围以下，墓室呈长方形，位于地宫中央，四面正中各连接斜坡墓道通向地面。

在陵园周围分布大量陪葬墓、殉葬坑、兵马俑坑和附属建筑遗址等。其中在陵园外围东侧约 1500 米处，发掘出三个呈"品"字形排列的大型兵马俑坑，俑坑坐西朝东，总面积超过 2 万平方米，出土陶俑 8000 余件、战车百乘以及数万件实物兵器等文物，极具研究价值。1987 年，秦始皇陵及兵马俑坑被联合国教科文组织批准列入《世界遗产名录》。

秦始皇陵是秦代以前陵墓制度的集大成者，奠定了后世帝王陵墓"以高为贵、以方为尊"的观念，大体确定了秦代以后陵墓制度的基本框架，至此陵墓建筑初步形成。

陵墓建筑的发展和完善——两汉

西汉陵墓基本沿袭秦代的陵墓制度，亦十分重视陵墓建设，厚葬成风。西汉诸帝王陵园坐西朝东，规模较大，陵体位于陵园中央，为覆斗状封土，四周围以城墙，每面城墙正中辟门。地下墓室部分因袭旧制，依旧为有四条墓道的土坑木椁墓。另外，陵园东侧还分布有大量的功臣和贵戚的陪葬墓。

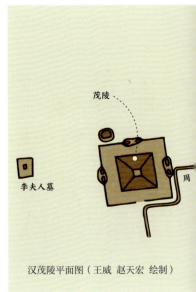

汉茂陵平面图（王威 赵天宏 绘制）

汉武帝茂陵是西汉时期规模最大、最具代表性的帝王陵墓。汉茂陵位于今陕西省兴平市，陵园位于陵区中部，坐西朝东，平面呈正方形，四周有城墙围合，城墙正中辟阙门。陵园正中央为覆斗状封土，底部边长约230米，高约46.5米。经勘探分析，茂陵墓室四面正中各有一条墓道与地面相连，平面呈"亞"字形。

陵园外围分布有寝殿、便殿等附属建筑，陵园东西两侧还有李夫人墓，卫青、霍去病、霍光和金日䃅等人的陪葬墓。

另外，西汉文帝霸陵形式特殊，不同于其他陵墓在地上堆筑封土的做法，采用"凿山为室、因山为藏"的葬制，为后世帝王陵墓因山为陵的形式提供了范例。

东汉基本继承了西汉的陵墓制度，但有所简化，提倡薄葬。同时，东汉时期在陵园建制和祭祀制度等方面有一定的创新和发展。其中，祭祀制度相比西汉有所简化，但开始推行上陵礼，陵墓建筑在原有供奉祖先功能的基础上，增加了政治礼仪色彩，开始具备正规的祭祀功能，使得陵墓建筑在国家祭祀中的地位显著提高，越发重要。

陵园建制方面，地面建筑出现神道石像生、石雕、石阙、石碑、石殿等，其中，现存年代最早的古代陵墓石雕是西汉霍去病墓前的石兽。地下墓室部分也有所发展，坚固耐用的砖石墓室逐渐代替土坑木椁墓。

徐州北洞山西汉楚王墓模型（南京博物院藏 陈婉钰 拍摄）

▎陵墓建筑从衰落到逐步复兴——三国至隋代

三国两晋南北朝至隋代，国家分裂，陷入战乱，社会动荡不安。鉴于动乱之中前代皇陵被盗掘毁弃，魏黄初三年（222年），魏文帝曹丕毁弃魏武帝曹操高陵地面建筑，完全废弃陵墓制度，预颁遗诏表明：保留预营寿陵的制度，不封不树，实行薄葬。

蜀、吴二国虽未明确规定废除陵墓制度，但帝王陵墓形制也十分简陋，三国陵墓制度同趋衰落。

西晋时期亦实行薄葬，陵墓为规模稍大的土洞墓，各墓实行单人葬，但帝后妃嫔合葬于同一陵园。东晋陵墓建筑多建于小山丘南坡，凿山成穴，不起坟。

南北朝时期，社会暂时稳定，经济复苏，陵墓建筑逐步恢复和发展。南朝时期，聚族而葬，且各陵墓次序按一定规则排列。虽然陵墓建筑的规模较小，地面封土也不明显，但区别于三国两晋时期的"不封不树"，已经具有明显的标识性。另外，南朝陵墓前神道两侧安置石像生、神道柱和石碑等石刻，并使之制度化，对后世影响较大。北朝时期，民族融合，陵墓建筑受少数民族文化和汉文化的共同影响，形成"封土为陵、聚族而葬、帝后合葬，并且陵前布置祭祀建筑及石碑石刻"的基本特征。

隋代陵墓建筑模仿汉代陵墓制度，并吸收南北朝陵墓制度的优点，为唐代陵墓建筑的高度发展奠定基础，至此陵墓建筑逐步复兴。

北魏镇墓兽（洛阳古墓博物馆馆藏　骆凯　拍摄）

陵墓建筑的高度发展——唐代

唐代是中国古代的鼎盛时期，社会安定，经济繁荣，在政治、经济、文化、外交等方面，都位居世界前列。陵墓建筑也得到高度发展，唐代陵墓以北朝和隋代陵墓制度为基础，吸收南朝陵墓建筑的部分特色，自唐太宗昭陵起，以山为陵，凿山为室，开创唐代以山为陵的首例，后经过多次陵墓建筑的营建，将汉代以来的陵墓制度发扬光大，并达到一个新的高峰。

唐乾陵是唐代陵墓中的代表作，位于陕西省咸阳市乾县城北 6000 米的梁山上，为唐高宗与武则天的合葬墓。梁山三峰并峙，北峰居中，为梁山主峰，高大雄伟，南面二峰较为低矮，东西并列，形成天然门户。

乾陵陵园坐北朝南，地宫凿于北峰山腰，未经发掘。北峰四周围以近似正方形的城墙，每面城墙正中辟门，东为青龙门，西为白虎门，南为朱雀门，北为玄武门。朱雀门北侧有长方形空地，推测为献殿遗址。朱雀门南侧连接着贯穿南面二峰、长达 4000 米的神道，神道两侧分布大量石人、石兽、石碑、石望柱等石刻。

唐乾陵平面图（王威　赵天宏）

陵墓建筑发展的停滞——五代至元代

唐朝末年，国家再度陷入分裂局面，经济实力削弱，陵墓建筑的营建受到很大影响，趋于衰退。

从五代十国开始，陵墓建筑进入停滞徘徊的缓慢发展时期。因战乱频发，朝代更迭频繁，遗留至今的陵墓建筑很少。诸王朝陵墓建筑模仿唐代制度，但规模难以企及。宋、辽、金、夏各朝亦参照汉唐的陵墓制度，有所增减，也形成了各自的特色。

其中，宋代统一中原后，经济有所复苏，但政治和军事上仍不十分稳定，陵墓营建亦受到一定限制。宋代陵墓建筑基本继承汉唐旧制，祭祀制度、地面建筑等方面变化不大，但陵墓规模较小，远不及汉唐。

宋代陵墓建筑的陵区制度十分明显，南北宋帝王陵墓都集中分布在同一兆域（墓地四周的疆界）内，各陵墓之间按一定尊卑次序排列。对后世明清两代皇陵的陵区制度有所影响。

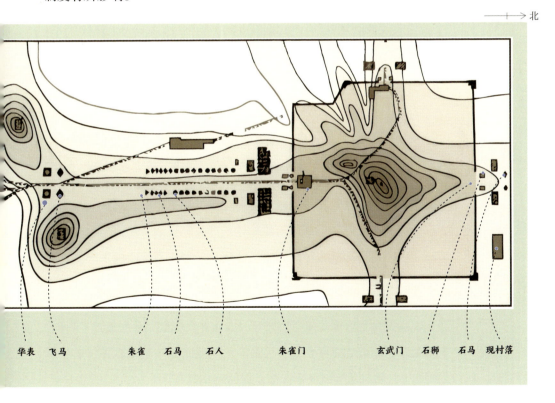

华表　飞马　　　朱雀　石马　石人　　朱雀门　　　玄武门　石狮　石马　现村落

北宋皇陵分布图（王威 赵天宏 绘制）

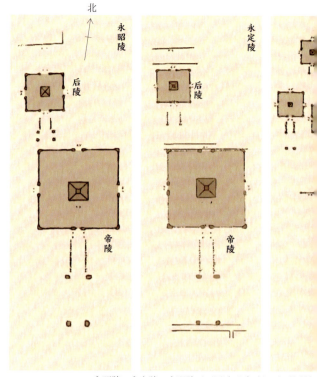

永昭陵、永定陵、永熙陵平面图（王威 赵天宏 绘制）

宋代陵墓的陪葬制度与前代有所不同，陪葬墓一般位于帝陵的西北方，按尊卑秩序排列远近。帝后大多异坟异穴安葬，后陵位于帝陵西北方，形制与帝陵相似，规模大致为帝陵的一半，如永定陵、永昭陵、永熙陵等。

另外，宋代陵墓的选址、建筑设计以及平面布局等受堪舆术的影响较大，宋代帝王极度迷信"五音姓利"之说，将其作为陵墓建筑选址和规划布局的指导法则，导致各陵地势南高北低，由南端鹊台至陵园中心的陵台，地面高度逐渐下降，越靠近中心位置地势越低，整体气势大大削减。

元代为了防止改朝换代之后陵墓被盗掘毁坏，以确保灵魂安宁，而实行"阴葬"制度，墓穴之上不起坟，不修建陵园建筑。因此，元代陵墓建筑难觅踪迹，成为不解之谜，在一定程度上，可以认为元代不存在正规的陵墓制度。

陵墓建筑的成熟——明清

明代的陵墓建筑

明代初期，社会安定，经济逐步繁荣，且崇信儒学，尊重传统，十分重视陵墓建筑的建设。明代陵墓制度吸收汉、唐、宋等前代陵墓建筑优点，并在此基础上，进行创新和变革，确立了中国古代社会晚期帝王陵墓的基本模式，使中国古代陵墓制度走向定型化、标准化的成熟时期。

明代共有十八座陵墓，分别葬于六处，按世代顺序依次为：江苏盱眙祖陵、安徽凤阳皇陵、南京钟山孝陵、北京昌平十三陵、北京海淀景帝陵、湖北钟祥显陵。

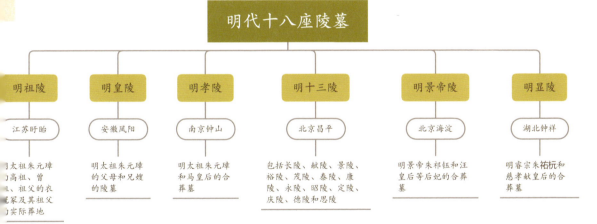

明代十八座陵墓（王威 绘制）

诸陵墓建设时期不一，规制有所不同。其中，祖陵和皇陵为明太祖追谥先人而建的陵墓，二陵结构相似，基本沿用唐宋的陵墓制度。孝陵是明太祖和马皇后的合葬墓，陵墓制度在陵园平面布局、建筑形式、祭祀礼仪和附属建筑等方面都进行了创新和变革，奠定了明代陵墓制度的基础，其后诸帝陵均在此基础上进行微调。

总体来说，明代陵墓建筑有以下**几点特征：**

01 在陵墓选址方面，不同于前代的平地堆筑封土和因山为陵的方式，明代陵墓选址遵循堪舆学说中的理论，选择三面或四面山峰环抱、地势北高南低、背阴面阳的内敛型盆地或台地。

02 明代继承了宋代的陵区制度，北京昌平明十三陵就是在同一陵区内分布十三座陵墓。在具体的陵园平面布局方面，区别于前代仿照都城营建的布局，明代采用仿照宫殿"前堂后寝"制度的院落式布局，陵宫门、祾恩门、祾恩殿、方城明楼、宝城宝顶等主要建筑沿南北向中轴线纵向分布。

03 在祭祀制度方面，明代取消了供奉帝王灵魂日常起居的寝祭，而强化具有政治礼仪色彩的陵祭。

04 明定陵的地宫已被发掘，为前、中、后三主殿加东西两配殿并连接一主两副三条隧道的结构。经研究分析推测，明代陵墓地宫结构与定陵地宫相似，可能存在九室、七室、五室、三室等多种形式，发展到晚期简化为三室。

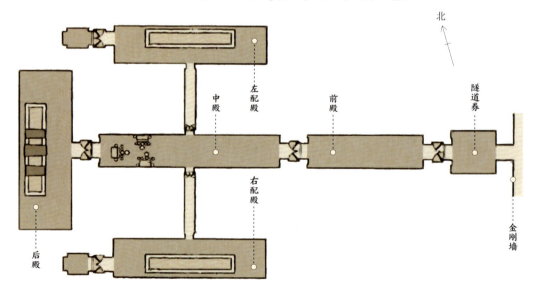

定陵地宫平面图（王威 绘制）

清代的陵墓建筑

清代陵墓建筑继承明代制度,又在其基础上吸收宋代等前代陵墓制度的优点,并融入本朝特色,形成了清代自己的制度,也成为中国古代陵墓制度发展的最后模式。

清代共有十二座陵墓,分别葬于五处,清代入关以前,在东北建有"关外三陵",分别为:辽宁新宾永陵、辽宁沈阳福陵和昭陵;清代入关后,九帝皆葬于京畿,称为"关内九陵",其中五帝葬于河北遵化昌瑞山"清东陵",分别为:顺治孝陵、康熙景陵、乾隆裕陵、咸丰定陵和同治惠陵;其余四帝葬于河北易县太平峪"清西陵",分别为:雍正泰陵、嘉庆昌陵、道光慕陵和光绪崇陵。

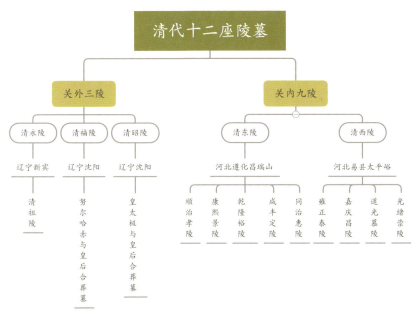

清代十二座陵墓(王威 绘制)

关外三陵分别为清祖陵永陵,努尔哈赤与皇后合葬墓——福陵,皇太极与皇后合葬墓——昭陵。三陵建于清初,彼时国家实力薄弱,三陵营建受到限制,规模较小,但三陵保留了很多满洲旧制,处于明清陵墓制度的过渡阶段,特色鲜明。例如:永陵前宫门的硬山式屋顶和普通坟墓式的封土;福陵和昭陵的城堡式院落、城门式而非屋宇式的隆恩门等,都受到满洲旧制影响。

关内九陵包括"清东陵"和"清西陵"。"清东陵"位于今河北遵化昌瑞山，四周山峰环抱。陵区以北侧昌瑞山为界，分为"前圈"和"后龙"两部分，山南是"前圈"，为陵墓所在地，各陵墓顺应山势分布在昌瑞山南麓；山北是"后龙"，为陵区禁地。陵区周边水脉分流，东西环绕，又汇聚于陵区南方。陵区整体布局前拱后卫，众水朝宗，气势宏伟。

清东陵平面示意图（王威 绘制）

清孝陵是清东陵的首陵，位于昌瑞山主峰之下，是顺治皇帝和孝康章、孝献皇后的合葬墓。孝陵仿照明长陵而建，并融入部分满族陵墓特点，规制完备、成熟，且独具特色，奠定了清陵的基本格局，为其后诸陵所模仿。

孝陵陵区分为神道和陵宫两部分，孝陵神道亦为清东陵陵区的主神道，宽约12米，总长约5000米。神道部分由南至北依次主要布置：石牌坊、大红门、具服殿、神功圣德碑亭、石像生、龙凤门、各种拱桥及平桥、下马碑、神道碑亭、神厨神库、东西朝房等建筑。神道是上山祭祀的必经之路，走过长长的神道才能进行祭祀礼仪，表达了对帝王的尊敬。神道建筑及两侧布置的大量石像生等增加了威严的气势，让人油然而生敬畏之心。

陵宫是孝陵的主体部分，为三进院落式布局。前院南墙中央为隆恩门，过隆恩门，左右两侧布置东西配殿，配殿以北是前院主体建筑隆恩殿，是举行祭祀活动的主要场所。中院由南至北沿轴线依次布置：三座琉璃花门、二柱门、石五供、方城、明楼。后院为宝城城墙围绕宝顶组成，宝顶是陵墓的地上封土部分，其下为地宫。

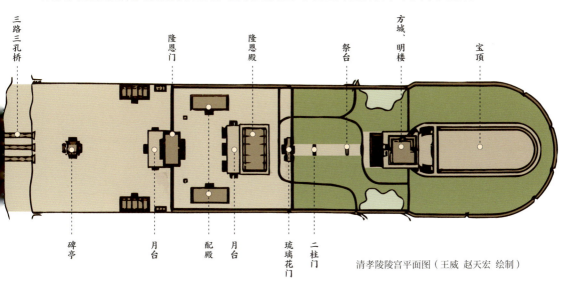

清孝陵陵宫平面图（王威 赵天宏 绘制）

清西陵平面示意图

"清西陵"位于今河北易县太平峪，陵区北起奇峰岭，南到大雁桥，东起梁各庄，西至紫荆关。陵区中各陵墓分布在主山永宁山南麓，雍正泰陵位于中心，其余各陵墓分布在东、西、西南的山峦上。陵区南侧东西华盖山对峙而立，形成天然门户，守卫陵园。

清泰陵是清西陵的首陵，位于永宁山主峰之下，是雍正皇帝和孝敬宪皇后、敦肃皇贵妃的合葬墓。泰陵规制模仿清东陵孝陵，但略有不同。陵区依旧分为神道和陵宫两部分，不同点主要体现在神道部分：首先泰陵神道较孝陵短，约2500米；其次，泰陵神道南端的石牌坊，东、西、南各分布一座，较孝陵的一座，数量较多。陵宫及其他部分规制基本与孝陵相同。泰陵是清西陵中建设最早、规模最大、体系最完整的一座陵墓。

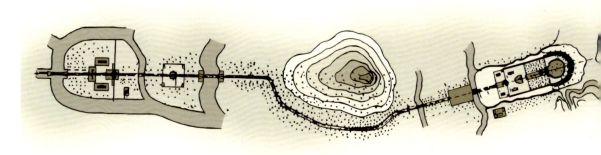

清泰陵平面图（王威 赵天宏 绘制）

清代诸陵的地宫以清东陵裕陵地宫为典型代表。裕陵位于孝陵西侧的胜水峪，是乾隆皇帝和皇后、皇贵妃的合葬墓。裕陵地宫建于乾隆盛世，构图严谨，规制完备，石雕精美，富丽堂皇。

裕陵地宫为石拱券结构，平面呈"主"字形，主体部分为前、中、后三室和四道石门。三室分别称为：明堂券、穿堂券和金券，石门由整块青白石雕成，为仿木构建筑式门楼，其上的雕刻细致精美，与地宫中其他雕刻一同体现了清代的石雕艺术水平。

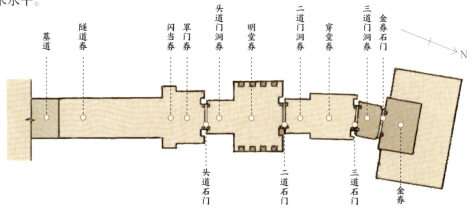

清裕陵地宫平面图（王威 赵天宏 绘制）

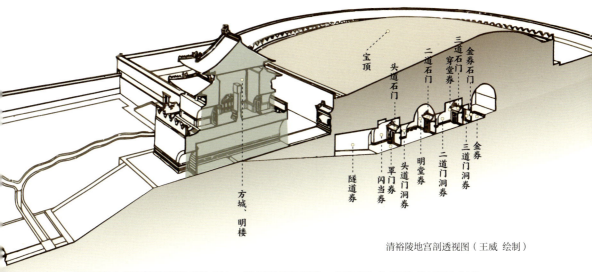

清裕陵地宫剖透视图（王威 绘制）

清陵基本继承明代陵墓制度，但区别于明代，以下几方面发生明显变化：

首先，陵区制度发生变化。明代各帝陵集中分布在同一兆域内，如明十三陵。清代预建寿陵成为定制，皇帝在生时要为自己营建陵墓，清代先有清东陵，后清世宗雍正预建寿陵时，对于自己陵墓选址的风水不满意，而另辟清西陵，由此形成清东陵和清西陵两个不同兆域。

其次，明代开始在陵区内营建后陵。清代规定，凡皇后死于皇帝之前，可与皇帝合葬于帝陵，而皇后死于皇帝之后，则需在帝陵附近另建后陵。其名称随帝陵名称和相对于帝陵的方位而定，例如，位于定陵之东的慈禧的陵墓称为定东陵。而且，清代妃嫔另起陵墓，称为妃园寝，在其后院按照生前地位高低，埋葬同一皇帝的众妃嫔。

另外，清代的地宫结构相比于明代有所简化。明陵地宫有三室、五室、七室、九室等多种形式，以明定陵地宫为例，为三主室加两配殿的形式。清代以裕陵地宫为例，主体为三室，无配殿。清代地宫规模较明代小，但地宫建筑装饰华丽精美，非明代能及。

至此，中国古代陵墓建筑集历代陵墓制度之大成，又经过具有各个时期特色的创新和变革，进而发展完善，使我国古代陵墓建筑达到鼎盛阶段。

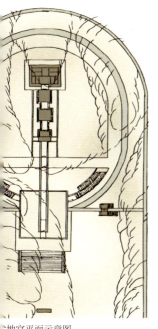

地宫平面示意图
（清）样式雷《宝华峪万年吉地地盘样》

3 / 如何欣赏陵墓?

陵墓看点——陵墓建筑艺术

陵墓建筑艺术在以下两方面得到体现。

山陵艺术

陵墓建筑是集安葬和祭祀功能于一体的纪念性礼制建筑。受"天人合一"观念的影响,历朝历代的帝王陵墓大都"因山为陵"或"依山为陵",选择具有完美自然环境及绝佳地理条件的山川形胜之地,因地制宜,依山川形势而建。

陵墓建筑的营建,全面而细致地探究建筑与山川形势的巧妙配合,以期达到建筑与环境的有机结合,营造出神圣崇高、气势宏伟而又极富艺术感染力的纪念氛围,使祭祀者走在陵区之中,油然而生庄严肃穆、谦卑恭敬的情感。

神道轴线组织示意图(蒋晓璐 洪凡凡 林睿之 陈婉钰 绘

借景对比示意图（王威 绘制）

陵区规划布局

陵区规划布局的艺术性主要体现在陵区的轴线组织以及轴线上各建筑的序列配置。陵区中各建筑按照一定序列沿中轴线布置的总平面构图方式，体现了古代"居中为尊"的理念。

把礼制制度规定的各种不同规模、形制的建筑单体，以准确的朝向、方位和距离间隔，通过中轴线巧妙地进行组织，形成完整统一而又富于变化的空间序列层次，使陵墓建筑的纪念性深化，视觉感受趋于完美，并形成极富感染力的艺术效果。

例如：在陵墓建筑的轴线组织和建筑序列配置中，十分注重借景和对景手法的运用。陵墓建筑的选址大都四面山峰环抱，陵墓主体建筑北倚主山，建筑假借主山作为底景，烘托气势，显示出帝王陵墓的宏伟壮观。反之，山川自然景观也因借与建筑的对比，显示出其气势宏伟和充满灵性。

著名的陵墓——明十三陵

明十三陵是明代自成祖朱棣开始的十三位皇帝的陵墓所在地，位于北京市昌平区北部寿山山麓。陵区三面山峰环抱，地域广阔，各帝陵以长陵为中心，顺应山势，错落有致地[分]布在盆地内。陵区内的帝王陵墓、妃子园寝及神宫监、祠祭署等附属建筑，共同构成了[整]体完整、规模庞大、气势恢宏的陵墓建筑群。明十三陵是我国现存保存最完整，帝王陵墓最集中、数量也最多的陵墓建筑群，2003年，被联合国教科文组织批准列入《世界遗产名录》。

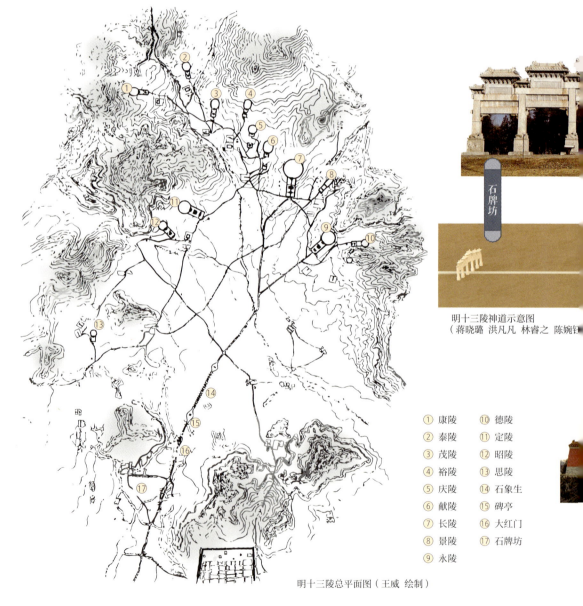

明十三陵神道示意图
（蒋晓璐 洪凡凡 林睿之 陈婉钰）

① 康陵　⑩ 德陵
② 泰陵　⑪ 定陵
③ 茂陵　⑫ 昭陵
④ 裕陵　⑬ 思陵
⑤ 庆陵　⑭ 石象生
⑥ 献陵　⑮ 碑亭
⑦ 长陵　⑯ 大红门
⑧ 景陵　⑰ 石牌坊
⑨ 永陵

明十三陵总平面图（王威 绘制）

明长陵是明十三陵的首陵，位于天寿山主峰南麓，是明成祖朱棣和皇后徐氏的合葬墓。长陵于明永乐七年（1409年）开始修建，是明十三陵中建设时间最早、建筑规模最大、地面建筑保存最完好的建筑群。

长陵陵区分为神道和陵宫两部分。长陵总长约7000米。神道部分由南至北依次主要神功圣德碑亭及四隅华表、石像生、龙凤门自七孔桥开始分支为通向其余各陵园的短神

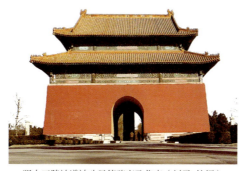

明十三陵神道神功圣德碑亭及华表（刘雷 拍摄）

石牌坊为五间六柱十一楼的石质仿木构建筑，位于主神道的最南端，是陵区的入口标志。

陵神道石牌坊
拍摄）

神功圣德碑亭，平面呈正方形，重檐歇山顶，上覆黄色琉璃瓦，四面各辟券门。碑亭内立明仁宗御制"大明长陵神功圣德之碑"，其上碑文记述明成祖一生功德。碑亭四角各立一座华表，其形制与天安门内外的四座华表相同。

石像生由龙凤

明十三陵神道大红门（刘雷 拍摄）

大红门为陵区正门，砖石拱券结构，辟券门三洞，单檐庑殿顶，上覆黄色琉璃瓦。

明十三陵神道石像生——石人（刘雷 拍摄）

明十三陵神道石　　石兽（刘雷 拍

神道亦为明十三陵陵区的主神道，布置：石牌坊、大红门、下马碑、七孔桥、五孔桥等建筑。主神道

明十三陵神道龙凤门局部（刘雷 拍摄）

尽端是龙凤门，为三门六柱石牌楼门；门继续向北即到达长陵陵宫门口。

龙凤门

北约1000米的神道两旁，众多石像生相对而立，人6对、石兽12对、石望柱1对。石像生整齐排道两旁，是帝王生前威仪的象征。

十三陵神道石像生（刘雷 拍摄）

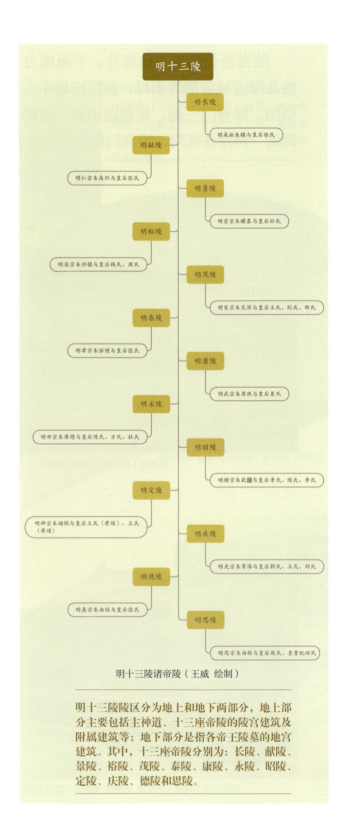

明十三陵诸帝陵（王威 绘制）

- 明十三陵
  - 明长陵 — 明成祖朱棣与皇后徐氏
  - 明献陵 — 明仁宗朱高炽与皇后张氏
  - 明景陵 — 明宣宗朱瞻基与皇后孙氏
  - 明裕陵 — 明英宗朱祁镇与皇后钱氏、周氏
  - 明茂陵 — 明宪宗朱见深与皇后王氏、纪氏、邵氏
  - 明泰陵 — 明孝宗朱祐樘与皇后张氏
  - 明康陵 — 明武宗朱厚照与皇后夏氏
  - 明永陵 — 明世宗朱厚熜与皇后陈氏、方氏、杜氏
  - 明昭陵 — 明穆宗朱载坖与皇后李氏、陈氏、李氏
  - 明定陵 — 明神宗朱翊钧与皇后王氏（孝端）、王氏（孝靖）
  - 明庆陵 — 明光宗朱常洛与皇后郭氏、王氏、刘氏
  - 明德陵 — 明熹宗朱由校与皇后张氏
  - 明思陵 — 明思宗朱由检与皇后周氏、皇贵妃田氏

明十三陵陵区分为地上和地下两部分，地上部分主要包括主神道、十三座帝陵的陵宫建筑及附属建筑等；地下部分是指各帝王陵墓的地宫建筑。其中，十三座帝陵分别为：长陵、献陵、景陵、裕陵、茂陵、泰陵、康陵、永陵、昭陵、定陵、庆陵、德陵和思陵。

后院及宝城、宝顶鸟瞰图（琚京蒙 陈婉钰 绘制）

宝顶

宝城

后院及宝城、宝顶

陵宫最北端为宝城、宝顶，宝城是围绕宝顶砌筑的圆形城墙，宝顶是陵墓的地上封土部分，其下为安放帝后棺椁的地宫。长陵地宫未经发掘，建筑布局可能和明定陵地宫相似。

陵墓有话说

古人受"灵魂不死"和"事死如事生"等观念的影响，对墓葬极为重视，它是古人思想意识的物质载体。同时，陵墓建筑作为古代专制皇权的产物，采用了各个时代最先进的技术和材料营建而成。因此，陵墓建筑可以说是中国古代社会的浓缩体现，在很大程度上反映了古代社会的历史、政治、经济、文化等方面的重要内容，具有极高的研究价值，值得我们去深入挖掘和研究。

然而，陵墓建筑从古至今都受到盗墓者不同程度的侵扰，例如：慈禧的陵墓定东陵建造规制很高，极尽奢华，而地宫却于1928年被军阀孙殿英盗掘，损失惨重。盗墓的破坏很大程度上都是毁灭性的，一旦发生将是不可挽回的损失。国家在加强陵墓安保措施、加大打击盗墓力度的同时，也投入大量的资金支持用于修复和维护陵墓建筑。对于我们个人而言，需要了解并意识到陵墓建筑的极高价值，文明旅游，守护祖先留下来的宝贵遗产。

第七章

中国古代园林

1 园林，是什么？／150

2 园林是如何演变的？／151

3 如何欣赏中国园林？／155

4 园林有话说／173

1 / 园林，是什么？

园林可以承载许多欢乐：昆明湖中划小船，网师园里听评弹，香山公园赏红叶，什刹海旁吃火锅。园林是一种民族文化的体现，当一个民族的文化发展到一定程度时，才会逐渐形成自己的园林。东西方文化有差异，园林当中见分晓：几何式的西方园林强调人工美，这与其起源于农业果蔬园有很大关系；山水式的东方园林强调自然美，这与其起源于皇家狩猎场有很大关系。

东西方园林平面对比（陈婉钰 绘制）

中国园林是什么？

明代造园家计成这么说：

"虽为人作，宛自天开"

东西方差异对比

2 / 园林是如何演变的？

▌求仙狩猎，一池三山——殷、周、秦、汉

> **小知识** "囿"用来栽培树木、放养动物；"台"用来观天象、通神祭祀；"圃"则用来种植果蔬经济作物。

原始人饿肚子时可不会逛公园，直到奴隶社会，上层人士想做游乐场，于是才有了园林的三种雏形：囿（yòu）、台、圃。

殷周王族在园林里狩猎祭神，"沙丘苑台"就是代表。秦代开始大量造园，这时的上林苑就开创了人工堆山记录。汉武帝在上林苑中又首创一池三山布局，即蓬莱、方丈、瀛洲三仙山在同一座湖中，成为后世皇家园林的重要模板。

这时皇家园林是主流，私家园林较少，园林从狩猎求仙逐步变成观景庄园，追求的多是仙境氛围。

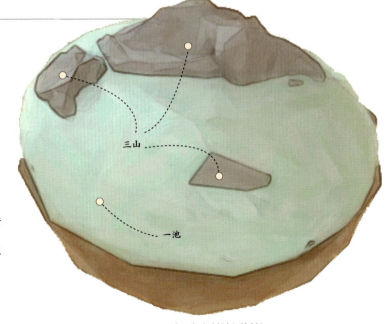

一池三山（陈婉钰 绘制）

魏晋风流，寄情游园——魏、晋、南北朝

魏、晋、南北朝时期，活跃的思想促进了园林创作，皇家、私家和寺观三种园林同时发展，园林从模拟山水实景变成追求山水意境。皇家园林开始变小，狩猎求仙变成游玩观赏；私家园林有了写实与写意结合的特点，追求魏晋风流隐居的文人们，借园林寄托精神。人尽皆知的"曲水流觞"就在此时出现。

《宴饮流觞图卷》清 樊沂

山水诗意，气派繁华——隋、唐、五代

进入隋唐后，社会与经济稳定发展，开创了中国历史上的繁荣兴盛局面。皇家园林规模宏大、设计精致的皇家气派完全确立。私家园林依然追求着诗画情趣，文人直接参与造园，将山水诗画的意境融入园林，满足了文人士大夫阶层隐士的精神追求；寺观园林进一步普及和世俗化，促进了郊野旅游区的建设和发展。此外，公共场所的园林也被提及。

绍兴兰亭曲水流觞（陈婉钰 拍摄）

千年积累，登峰造极

宋

宋代政治、经济、文化的发展把园林推向成熟，这时的园林都偏向于文人化，创作讲究简远、疏朗、雅致、天然的特点。叠石理水、植物配置技术愈加成熟，已达到中国古典园林史上登峰造极的境地。出现了汴京中国历史上的皇家园林极品——艮岳。

艮岳遗石（陈婉钰 拍摄）

元、明、清

元代有皇家典范西苑，私家园林狮子林，但整体造园停滞。明代中期扩建西苑，明代后期园林数量、规模和类型都达到空前，更出现了计成等专业匠师和《园冶》等造园著作。

小知识

西苑三海，位于北京皇城之西，由北海、中海、南海组成。明清时期称为西苑。

清代皇家园林异彩纷呈，吸收江南园林风格，也保留了皇家园林气派。清乾隆嘉庆时期造园技艺和规模达到新高，北京三山五园、承德避暑山庄成为园林典范，中国古代园林江南、北方和岭南三大园林风格形成。

颐和园　拙政园

颐和园与拙政园平面图（陈婉钰 绘制）

而后清末的中国传统园林，随着国力盛极而衰，虽有许多皇家和私家的园林，但风格不再有重大突破。

3 / 如何欣赏中国园林？

园林里面有什么？

园林里面有什么？各种自然要素是园林的基本单元，江河湖海、瀑布林泉、高山悬崖、洞壑深渊、古木奇树、斜阳残月、花鸟虫鱼、雨雪风霜……都可以在园林中体现。

最主要的 4 个要素是山、水、树、屋。

四个要素（陈婉钰 绘制）

建筑

亭台楼阁

亭（陈婉钰 绘制）

园林中建筑形式甚多，亭台楼阁，堂斋室房，馆榭轩卷等均为园林中的建筑形式，其中亭、台、楼、阁最为常见。

亭 亭是园林中最多的一类建筑，亭的历史可上溯到商周以前，最初是供人在途中休息的建筑。亭的样式多样，但都是攒尖顶，现今多出现在园林中供人休息使用。

> 《释名》云："亭者，停也。人所停集也。"

台 原用来远眺的高台（如烽火台），秦汉之后变少，如今园林中的台一般指月台或者露台，是供纳凉、赏景、钓鱼之用，有假山石堆台、木平台、楼阁前出台等多种形式。

> 《释名》云："台者，持也。言筑土坚高，能自胜持也。"
> 《说文》云："台，观四方而高者。"

台（陈婉钰 绘制）

楼 是起于地面的高层建筑，最初用来祀神，到战国时期被用于军事，后期逐渐发展供人使用，平面较为狭长，一般两边开窗，在主要建筑的左右侧或者最末端，是建筑群中的次要建筑，人可以登楼观景休憩。

楼（陈婉钰 绘制）

> 《说文》云："重屋曰'楼'。"《尔雅》云："陕而修曲为'楼'。"

阁 阁最初是指架在墙上的木阁板，束之高阁即是源于此。后期阁发展成中国传统建筑中的一类高层建筑，现也有单层楼阁。平面多为正方形，四面都开门窗，通常四周都有挑出的栏杆回廊。阁在建筑群中占有主要地位，一般是藏书和供佛之用。在古代，人不能随意进入。

阁（陈婉钰 绘制）

山

古造园家把制作假山的过程，叫作掇（duō）山。园林中的假山常被作为眺望台、游乐场、分隔墙，用于极目远眺、攀登游玩、划分空间。根据假山形态划分，常见的有峰、峦、岩、洞；根据假山与建筑的关系划分，常见的假山形态有峭壁山、厅山和阁山等。

山

峰 峰，小如园林中的立石，大如自然形成的巨石。形状上大下小，给人一种危险的感觉。

> 《园冶》云："峰，上大下小，立之可观。"

峰（陈婉钰 绘制）

扬州个园峰石（陈婉钰 拍摄）　　绍兴柯岩峰石（陈婉钰 拍摄）

第七章 中国古代园林 156 | 157

峦 峦，指连着的山。在园林中堆叠时，需制造山峦起伏的感觉，不宜过于整齐。

《园冶》云："峦，山头高峻也，不可齐。"

峦（陈婉钰 绘制）

南京瞻园峦（陈婉钰 拍摄）

岩 在堆叠悬岩时下部要小，向上慢慢变大，营造一种危岩高耸的感觉。

《园冶》云："如理悬岩，起脚宜小，渐理渐大，及高，使其后坚能悬。"

悬岩（陈婉钰 绘制）

洞 石洞是一种特殊的园林建筑，清凉幽静、能遮阴避雨。

山洞（陈婉钰 绘制）

扬州个园山洞（陈婉钰 拍摄）

《园冶》云："理洞法，起脚如造屋。"

峭壁山

峭壁山是依墙而建的假山，一般都比较陡峭。

峭壁山（陈婉钰 绘制）

故宫御花园峭壁山（李雪力 拍摄）

厅山 厅山是屋前点缀的玲珑石块，并搭配以植物。

厅山（陈婉钰 绘制）

愚园厅山（陈婉钰 拍摄）

阁山 阁山，指在山上建楼阁，山石可作为台阶。

类似的还有亭山，山上建亭。

阁山（陈婉钰 绘制）

南京愚园亭山（陈婉钰 拍摄）

水

古代造园家将把对水的处理，称为"理水"。理水与掇山做出了中国古典园林的骨架。常见的静态水景类型有湖面、池塘、池山等；常见的动态水景类型有溪涧、瀑布、渊潭等。

湖面

绍兴柯岩风景区湖面（陈婉钰 拍摄）

池塘

池塘中常植荷花、睡莲等观赏植物或放养观赏鱼类，再现林野荷塘、鱼池的景色。

南京总统府池塘（陈婉钰 拍摄）

池山 池山是池边建造的假山。

池山（陈婉钰 绘制）

扬州个园池山（陈婉钰 拍摄）

河流

颐和园后溪河（骆凯 拍摄）

溪涧 溪涧比河流狭窄，走向曲折迂回，一般在园中时隐时现，与山石配合有回绕的水声。

北京红螺寺溪涧（陈婉钰 拍摄）

瀑布与渊潭（陈婉钰 绘制）

瀑布与渊潭 瀑布常与山石一起设计，有线状、帘状、分流、叠落等形式，古代常靠雨水，无水时欣赏被冲后的叠石。瀑布做法如《园冶》云："瀑布如峭壁山理也。先观有高楼檐水，可涧至墙顶作天沟，行壁山顶，留小坑，突出石口，泛漫而下，才如瀑布。不然，随流散漫不成，斯谓：'作雨观泉'之意。"

渊潭是小而深的水体，水面集中，空间狭窄，在泉水汇集处和瀑布的下方，岸边通常用叠石做驳岸。

扬州卷石洞天瀑布（骆凯 拍摄）

植物

> "四时之景不同"——《醉翁亭记》
>
> 植物最特殊的功能是塑造园林中四季的变化。根据植物的类型，主要分为乔木、灌木、地被；根据植物的种植方式，主要分为孤植、群植、丛植、对植和列植。

植物的类型

乔木

高大，有主枝干的树木。高度一般5米以上，一般做植物景观的背景或者观景点的配景、点景树。

颐和园后溪河区域营造森林背景的乔木（骆凯 拍摄）

灌木

矮小或没有主枝干的树木，高度一般5米以下。用来阻隔游人视线，分割景观层次，或者做假山、水景的配景。

故宫御花园中与假山石、建筑搭配的灌木（李雪力 拍摄）

地被

能够覆盖地面土层、保护园林地面的低矮植被。传统园林中主要在乔灌木下层,避免土地裸露,美化地表。

颐和园万寿山后山乔木下层覆盖地表的地被植物(一) (骆凯 拍摄)

颐和园万寿山后山乔木下层覆盖地表的地被植物(二) (骆凯 拍摄)

颐和园万寿山后山乔木下层覆盖地表的地被植物(三) (骆凯 拍摄)

种植方式 传统园林中，乔灌木的种植方式有很多。我们最常见的有孤植、对植、列植、群植等。

孤植

对植

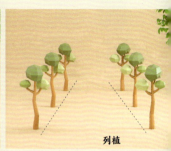
列植

孤植、对植、列植三类图示（陈婉钰 绘制）

孤对列植

小卡片 植物结合山水，可以改善居住环境小气候。东西朝向的房间会遭受东风西晒，但是在园林中，可以通过植物、山水的布局改善房间周围小气候，从而创造宜人而特殊的效果。例如，在东西朝向的建筑室外植以芭蕉、梧桐、竹等植物，午后西晒的阳光经过植物遮挡，可以形成既明亮又优雅的淡绿色光照。

前往园林看什么？

辨类型：园林类型知多少

中国古代园林的分类方式很多：根据地域划分，主要有南方园林和北方园林；根据功能划分，主要有皇家园林、私家园林、寺观园林。

皇家园林 皇家园林是专供皇帝和皇族休憩玩乐的园林，规模恢宏，追求皇家气派，主要以真实的山水进行营造，建筑多高大宏伟，多为皇家制式。皇家园林中会有少量的私家园林场景营造。

北京颐和园（陈婉钰 拍摄）

私家园林 私家园林多为贵族官吏、富商的休闲园林，规模较小，追求以小见大的意境，主要是模拟自然的假山溪流，建筑小巧精致，多讲究与周边环境的搭配。

南京瞻园（陈婉钰 拍摄）

寺观园林 寺观园林是古典园林的第三种类型，是佛寺和道观的附属园林，也包括寺院道观的内部庭院以及外围园林环境，规模无大小区分，但数量却比皇家、私家园林总和要多几百倍，多分布在自然风景优美的名山胜地。

厦门南普陀寺（骆凯 拍摄）

第七章 中国古代园林

除了以上三大类主要的园林类型外，还有古代衙门庭院的衙署园林，祠堂院落或者周边的祠堂园林，幽静的书院建筑群内的书院园林，还有在村落等地区公用开放的公共园林。

> **小知识** 在古代，建筑和园林往往暗含着主人的地位阶层。皇家园林受帝王政权影响大，多数体现着庄严与严谨；私家园林官僚政治意识淡薄，书卷气深浓，更多的是寄情山水，居住功能更加突出。

> **小知识 皇家园林特征。**
>
> **前朝后寝** 宫殿中的前朝后寝范式在皇家园林中体现为"后园式"布局。园林往往居于宫殿、住宅的后部或侧位，如故宫的御花园、景山、慈宁宫花园均在宫殿后部。
>
> **轴线对称** 轴线对称是皇家园林的明显特征。例如，颐和园的主轴线，从昆明湖上的凤凰墩开始，到南湖岛，再到万寿山的牌坊、排云殿、佛香阁、须弥灵境、牌坊、石拱桥、北大门。
>
> **一池三山** 一池三山是皇家园林营建的重要范式，北海、颐和园、避暑山庄等皇家园林均为一池三山的布局。不过一池三山并非皇家园林的专属，部分私家园林同样有着一池三山的布局，如西湖、拙政园。

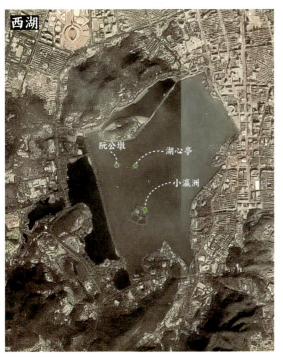

西湖
阮公墩　湖心亭　小瀛洲

颐和园
南湖岛　治镜阁遗址　藻鉴堂山岛

拙政园
一池三山景区

一池三山集锦

思选址：园林选址有学问

相地往往是一切造园活动的开端，园林基址选好了，省时省力又省钱。明代计成在《园冶·相地篇》中，介绍了6种典型的园林用地，其中最理想的造园用地是山林地，不适合建造园林的是城市地。

山林地的优势在于：山林中有着优越的自然条件，依地势建造园林便可取得天然的幽趣，不必动用太多人工的力量。

> "园地惟山林最胜……自成天然之趣，不烦人事之工。"

例如著名的皇家园林颐和园，其选址地北山南湖，周边又有平地园、山地园环绕，借助天然的地理优势，建成后与周边园林形成了含平地园、山地园、山水园的园林集群。

小知识 清乾隆时期，在建造清漪园（现颐和园）前，圆明园、静明园（位于现玉泉山）已建成，它们之间隔着当时北京西北郊最大的天然湖——西湖（现昆明湖），西湖北边有座山——瓮山（现万寿山），二者恰形成了北山南湖的地貌结构。清漪园便定址于此，囊括了西湖及瓮山，与西边玉泉山山水相连，互为借景。

小卡片 "寿桃水面"——修建颐和园是为了给慈禧祝寿。相传，当年乾隆皇帝要求在园子里体现"福、禄、寿"三个字，昆明湖被设计为一个寿桃形状，在平地上看不出它的全貌，但从万寿山望下去，呈现在眼前的就是一个大寿桃。巧合还是巧思，不得而知。

《园冶》中提到"市井不可园也"。这是因为城市地的劣势在于喧嚣和空间狭小，但如果非要在城市中建造园林，倒也并非毫无办法。现存的私家园林很多都是城市地，在小空间的园林中，同样可以利用造园手法创造"壶中天地"。常见的造园手法有对景、障景、框景、漏景、借景。

> 小隐隐陵薮（líng sǒu，指山陵和湖泽），大隐隐朝市
> ——晋代王康琚之《反招隐诗》。

寻视角：赏景视角藏手法

对景　对景是指两处景点遥相呼应，根据景观点与视线或轴线的关系，可分为正对、互对。

选景手法

对景（陈婉钰 绘制）

互对无锡寄畅园 鹤步滩（左）与知鱼槛（右）（骆凯 拍摄）

拙政园南北轴线两端分别为"远香堂"和"雪香云蔚亭"，隔水相对；东西轴线两端分别为半亭"别有洞天"和水池东端小亭"梧竹幽居"，遥相呼应。

障景　障景是指使用影壁、假山、绿植等遮挡观赏者视线，增添游赏新奇性。障景在园林入口和景观序列结尾处较为常见。入口处的障景，有着欲扬先抑、增加层次、阻止人流等作用；位于景观序列结尾处的障景，目的是希望游人流连忘返、回味无穷。

障景前后对比（陈婉钰　绘制）

框景　框景是指利用门框、窗框、树框、山洞等，有选择地摄取空间的优美景色，形成如嵌入镜框中图画的造景方式。

框景（陈婉钰　绘制）　　　　　　　　　太仓弇山园框景（陈婉钰　拍摄）

漏景　"日漏疏林尽幔纱，晨幽清逸垄间逶。"

漏景是用花窗、疏林等对景物进行遮挡，使景色若隐若现，勾起游人寻幽探景的兴致。

漏景（陈婉钰　绘制）

借景 "借"是指园内外的联系。通过借景的手法，将园林之外的景色借与园内，扩大园林空间的真正边界。例如拙政园远借北寺塔，北海远借白塔。

借景（陈婉钰 绘制）

北海远借白塔（李雪力 拍摄）

园林有话说

清末列强闯入中国，大火烧遍了圆明园这座中国古典园林的上乘之作，也在中国人心中留下了伤疤。这座代表着曾经中国辉煌的园林建筑，如今复建争论依旧如初。作为建筑遗产的原真性和完整性也在现场完全被破坏殆尽。

众多的南方私家园林，也曾经过历史上的多次修修补补才是如今的模样，与最初的景观多处不尽相同。园林是国家荣耀和屈辱历史的见证，也是中国人民古往今来精神文化的载体，如何保持原真性和完整性，需要专家的保护，还有我们普通人的不破坏。

第八章

趣类

1. 建筑力传导——斗拱 / 176
2. 佛教塔千重——古塔 / 186
3. 山中有大佛——石窟寺 / 193
4. 天堑变通途——桥梁 / 212
5. 屋顶有怪兽——脊兽与蹲兽 / 222

1 建筑力传导——斗拱

斗拱昂

▍斗拱是什么？

斗拱，又作斗科，亦称为枓（dǒu）栱、欂（bó）栌，位于建筑物柱子和屋顶结构之间，既能将屋顶荷载传递给下方的柱子，又能通过出跳使屋檐深远，另外还具有一定的装饰作用，是中国古代木结构建筑中的重要构件。

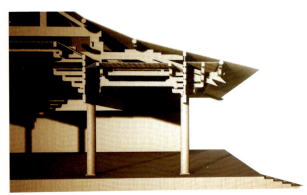

传统木结构建筑中的斗拱（王威 绘制）

斗拱结构较为复杂，由斗、拱、昂、枋及其他类型构件通过不同方式组合而成。

其中，斗是一种方形木块，因形似口大底小的"斗"形量器而得名。斗一般位于柱头与拱、拱与拱、昂与拱等构件之间，相当于垫块，起到传递荷载的作用。根据所在位置和功能的不同，主要分为栌斗、散斗、齐心斗、交互斗四种基本形式。

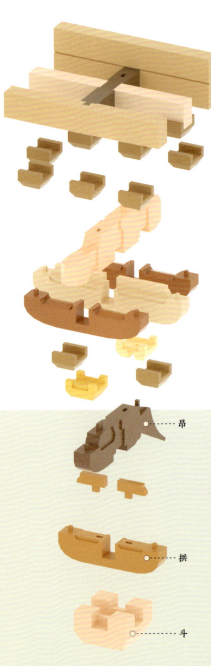

斗拱结构构件示意图（延陵思琪 王威 陈婉钰 绘制）

那么斗拱作为一个独立构件来说,都有哪些类型呢?

根据斗拱所在位置的不同,可分为位于建筑物外檐部分的**外檐斗拱**和位于建筑物内檐部分的**内檐斗拱**两大类。

外檐斗拱与内檐斗拱(王威 绘制)

其中,**外檐斗拱**按照具体位置的不同又分为:**柱头斗拱**(宋代称为柱头铺作,清代称为柱头科),位于柱头之上;**柱间斗拱**(宋代称为补间铺作,清代称为平身科),位于两根柱子之间;**转角斗拱**(宋代称为转角铺作,清代称为角科),位于建筑物转角处的角柱柱头之上。

拱是一种弓形长条木块,坐于斗上,能够将其上构件伸展出挑。主要有华拱、令拱、慢拱、瓜子拱、泥道拱五种基本形式。

昂是一种长条形沿内外方向放置的斜插构件,屋内部分承托梁檩,外部分承挑屋檐,起加大屋檐出挑和传递荷载的作用。主要分为上昂和下昂两类。

外檐斗拱类型(王威 绘制)

内檐斗拱主要起到将建筑物室内结构抬升和装饰的作用。与外檐斗拱相同，按照斗拱的具体位置可分为：柱头斗拱，位于柱头之上；柱间斗拱，位于两根柱子之间；转角斗拱，位于建筑物转角处的角柱柱头之上。

内檐斗拱类型（王威 绘制）

斗拱到底有什么用？

那么具体而言，斗拱都有哪些作用呢？

斗拱的具体作用主要体现在建筑结构、建筑装饰和文化内涵三个层面。

其中，建筑结构方面，斗拱是位于建筑物柱子和屋顶结构之间的过渡部分，具有承上启下、传导荷载的作用；另外，斗拱通过结构出跳，使其上承托的屋檐挑出部分变大，从而保护屋檐之下的墙面、柱子、台基等不受雨水侵蚀；此外，斗拱各构件之间通过榫卯的方式连接，这种弹性连接方式在一定程度上能够通过能量转化消解地震的破坏能量，具有一定的抗震作用。

斗拱传导荷载作用示意图（王威 绘制）

屋檐深远示意图（王威 绘制）

施彩画斗拱（北京市古代建筑博物馆馆藏 王威 拍摄）

建筑装饰方面，斗拱本身造型美观，结构精巧，单独观赏也可以算得上一件艺术品，斗拱安置在建筑之上，作为建筑结构存在，更增添了建筑的艺术性。另外斗拱之上施以彩画，各种颜色和图案的搭配更加强了斗拱的装饰、美化效果。

文化内涵方面，主要体现在建筑中通过使用不同种类、数量和规格的斗拱，从而彰显不同的身份等级。中国古代社会重视礼制，等级森严，斗拱的使用也受到等级的限制，一般百姓不允许在建筑上使用斗拱，王公贵族也要根据身份等级应用斗拱，皇家建筑中的斗拱类型最全面，规格最高。

榫卯连接方式示意图
（北京市古代建筑博物馆馆藏 王威 拍摄）

斗拱是如何出现和发展演变的？

西周至战国时期

我国西周时期出土的青铜器，证明柱子上已经使用了栌斗，但只是独立构件。至迟在战国时期，斗与拱结合在一起。

西周青铜器令簋中所表现的斗拱形象（王威 绘制）

山东临淄出土战国漆盘所绘宫室斗拱形象（北京市古代建筑博物馆馆藏）

汉代

汉代是斗拱形式开始丰富的时代，此时斗拱形象突出了封建礼制作用，往往成为辨明等级的标志，结构上以一斗二升和一斗三升为主，并出现了斗拱出跳的迹象。

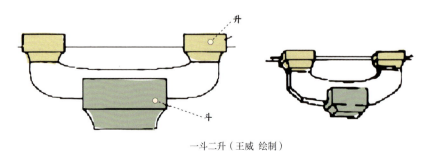

一斗二升（王威 绘制）

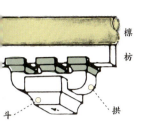
一斗三升（王威 绘制）

仰面图

四川雅安高颐阙仿木斗拱（东汉）
（北京市古代建筑博物馆馆藏 骆凯 拍摄）

六朝时期

六朝时期的斗拱，一反汉代斗拱的夸张表现，但一斗三升仍然使用，**人字拱**的出现成为这个时期的突出特点，但令人不解的是，汉代的出跳，在此时却极少使用。

天龙山石窟斗拱雕刻——人字拱
（北京市古代建筑博物馆馆藏 王威 拍摄）

唐宋时期

唐宋时期的斗拱，得到进一步的发展，出跳形式被确定下来。斗拱之间的结合方式也多了起来，**重拱造**和**偷心造**是辨别唐宋建筑特征的重要佐证。**昂**的使用为斗拱家族增加了新的式样。

山西五台山佛光寺东大殿（唐代）斗拱模型示意图（王威 绘制）

河北正定隆兴寺摩尼殿斜拱（刘雷 拍摄）

辽金时期

辽金时期的斜拱，呈现古代匠人有意刻画斗拱的倾向。

元代

到了元代，出现了假昂。

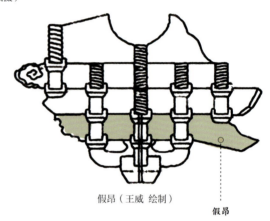

假昂（王威 绘制）

假昂

明清时期

明清时期很少使用斜拱，斗拱装饰化，昂嘴形式繁复化，加上梁架的保守用材，使斗拱本身的结构作用退化。

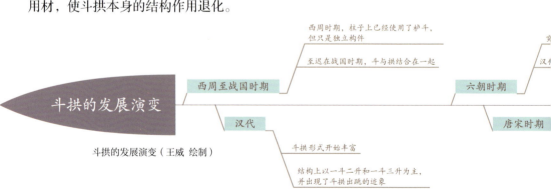

斗拱的发展演变（王威 绘制）

综上，斗拱结构的演化轨迹可概括为：雏形—结合—夸张—理性—规范—衰退六个阶段。

举例：宋式四铺作插昂补间斗拱

宋式四铺作插昂补间斗拱是宋式建筑大木作斗拱铺作构造形制中的一种，结构较为简单。即整朵斗拱为四铺作，只出里外跳，而外檐斗拱的出跳为插昂，既不同于真昂的昂尾做法，也有异于假昂的结构形式，实际上是介于二者之间的装饰性构件。

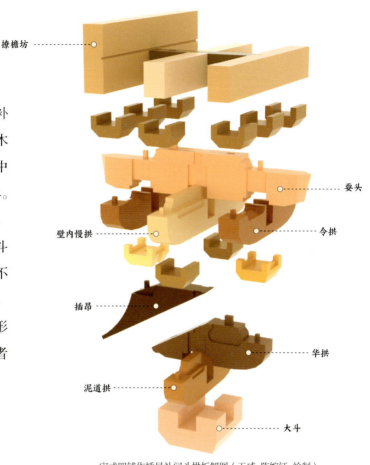

宋式四铺作插昂补间斗拱拆解图（王威 陈婉钰 绘制）

宋式四铺作插昂补间斗拱相关名词解释。

铺作 宋式建筑对斗拱的一种称谓。宋、清两个时期，斗拱的名称不同，宋《营造法式》称为"铺作"，清《工程做法则例》称为"拱科"。

补间铺作 宋式建筑大木作斗拱名称，清式建筑称为"平身科"。

根据斗拱所在位置可将斗拱主要分为三种：柱头铺作、补间铺作、转角铺作（宋式名称），也即柱头科、平身科、转角科（清式名称）。补间即两柱之间的开间，"补间铺作"就是两柱间的斗拱组合。

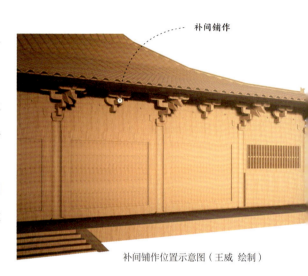

补间铺作位置示意图（王威 绘制）

朵 宋式斗拱的计量单位，如五朵斗拱、六朵斗拱。

出跳 宋式建筑的斗拱组合层数和挑出距离，等同于清式斗拱的"出踩"。宋《营造法式》称："凡铺作自柱头上栌斗口内出一拱或一昂，皆谓之一跳。"通俗讲就是只要出华拱或有下昂就是出跳，出跳的多寡，决定着整座建筑出檐的深远。出跳的特征是，其出跳的拱或昂必须是悬挑构件，而且悬挑构件端头是上一构件的支点。

宋式四铺作插昂补间斗拱的里跳和外跳（王威 陈婉钰 绘制）

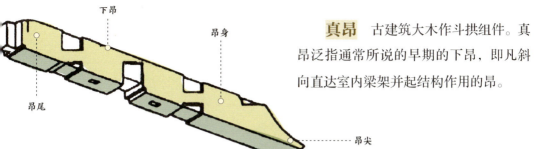

下昂（王威 绘制）

真昂 古建筑大木作斗拱组件。真昂泛指通常所说的早期的下昂，即凡斜向直达室内梁架并起结构作用的昂。

假昂 古建筑大木作斗拱组件。即相对于真昂而言的昂，假昂的后尾演变为斗拱铺作部分，已不具真昂的结构作用，而重在表现装饰效果。

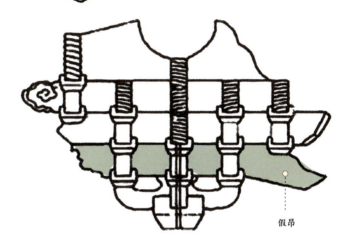

假昂（王威 绘制）

插昂 又名挣昂、矮昂等，插昂从外观看，与真昂一样，但它是"插入"梁栿下面，一般只用于四铺作斗拱，昂身不超过柱心，说明宋代可能已有假昂的使用，插昂是假昂的过渡形式。元代中期至明清时期，假昂则被广泛采用，其形制改插入为整体制作，昂头保留真昂造型，昂身起华拱作用。假昂的使用表明古代匠人由重在昂的结构作用向重在装饰效果的认识的转变，也是导致斗拱出踩增多的原因之一。

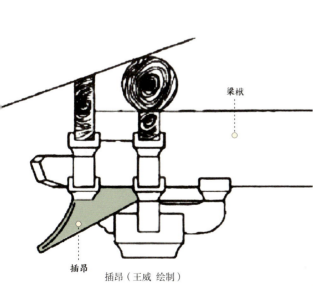

插昂（王威 绘制）

2 / 佛教塔千重——古塔

佛教与佛塔

佛塔是一种极为特殊的建筑,在寺院中占据了重要的位置。佛塔,也可称为浮屠、窣堵波,与被埋葬的佛陀同名,意味着佛塔即是佛陀或高僧本身。

要想搞懂佛塔,就要先了解佛教。佛教发源于古印度迦毗罗卫国,由该国太子乔达摩·悉达多所创立,即佛陀释迦牟尼。古印度迦毗罗卫国位于现在的尼泊尔境内,广义的佛教实际是现代尼泊尔和印度地区共有的古老宗教。

山西应县佛宫寺释迦塔一层释迦牟尼像(郭启辰 绘制)

小知识　浮屠

是佛陀的异名，英文写作"Stupa"。由于佛陀或高僧圆寂后，舍利连同经文等被埋葬在同一座圆形的坟冢中，因此古印度人将坟冢也称为"Stupa"。我们将"Stupa"翻译为"窣堵波"，也就是佛塔的初始形态。

古印度大规模建造窣堵波的时代，可以追溯到前3世纪的摩揭陀国的孔雀王朝时期。那时贤明的君主阿育王开创了印度第一个大一统时代，佛教也达到了前所未有的兴盛，轰轰烈烈的佛教外传开始了，这时正值中国东汉时期。魏晋南北朝时期，政权更迭频繁，乱世中，道教、佛教、玄学、外来欧洲文明争奇斗艳，反倒形成了兼容并包、百花齐放的文化氛围。

中国的佛塔在这时开始了近两千年的成长演变。中国的佛塔形式多样，大小不一，形态千变万化，做工粗细兼有，但偏离不开两种建筑体系：一是来源于古印度的砖石结构窣堵波；二是中国本土的木结构楼阁。这两种建筑体系不断排列组合，搭配出数十种独具特色的中国佛塔样式。

河南登封北魏嵩岳寺塔（郭启辰 绘制）

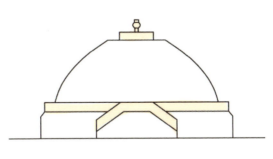

砖石结构窣堵波和木结构楼阁（郭启辰 绘制）

中国佛塔样式

下面就来看一看中国佛塔的几种较为常见的样式。

覆钵式塔

覆钵式塔外形像一个倒扣的钵盂,受古印度窣堵波的影响。覆钵式塔来源于古代尼泊尔地区,最先兴盛于西藏地区,后由于藏传佛教的东传,逐渐在汉民族生活的地区得以兴旺起来。

覆钵式塔(郭启辰 绘制)

覆钵式塔结构(郭启辰 绘制)

覆钵式塔有几个重要的组成部分:塔座、覆钵、相轮、华盖、塔刹。依据时代、做工、重要程度、含义、审美偏好等的不同,也会增加其他结构,但都是在以上五个部分都具有的情况下。

较为著名的覆钵式塔有北京妙应寺白塔、北京北海琼华岛白塔、山西五台山塔院寺大白塔等。

山西五台山塔院寺鸟瞰图(郭启辰 绘制)

楼阁式塔和亭阁式塔

这种像楼阁一样的塔是佛教中国化的完美例证。中国的信徒和僧人用传统的木结构建筑技艺重新阐释了古印度佛塔的含义，发展出了只属于中国的佛教建筑形式。楼阁式塔可大可小，可以是木结构，也可以是砖结构。精美的门窗搭配多变的屋面，形成一例例经典的佛塔作品。

山西应县佛宫寺辽代释迦塔（郭启辰 绘制）

山西大同复建的华严寺宝塔（郭启辰 绘制）

单层的楼阁式塔可称为亭阁式塔，也是一种较为古老的佛塔样式，著名的五台山佛光寺东大殿旁的初祖禅师塔便是亭阁式塔。

山西五台山佛光寺初祖禅师塔（郭启辰 绘制）

唐代方形亭阁式塔常见样式（郭启辰 绘制）

密檐式塔

广义上的密檐式塔和楼阁式塔经常并存,有多层密集屋檐的塔,都可以称为密檐式塔。需要注意的是,大部分的密檐式塔只有一层塔身,塔身四周做门窗,塔身以上完全是屋檐的重叠,这种塔是更名副其实的密檐塔。典型例子有北京天宁寺塔、北京银山塔林法华寺遗址五塔等。

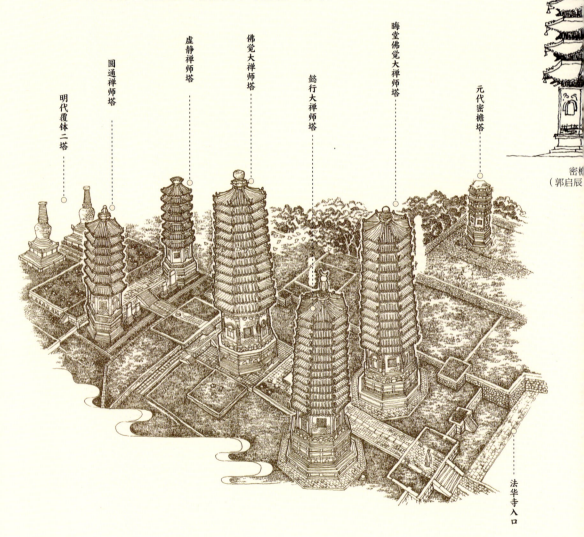

北京昌平银山塔林法华寺遗址金代五塔(郭启辰 绘制)

覆钵密檐混合式塔

覆钵密檐混合式塔是佛塔中混搭风格的代表,一半是密檐式或楼阁式,一半又是覆钵式,非常有特色。比较著名的是北京房山云居寺北塔、天津蓟县独乐寺白塔、北京昌平银山塔林墓塔等。

覆钵密檐混合式塔(郭启辰 绘制)

金刚宝座塔

金刚宝座塔由一个大型塔座(即金刚宝座)和多座小型佛塔组成。通常为石塔,平面可方可圆。实际上金刚宝座塔是对佛教世界中曼荼罗的模仿,主塔一般有五座,中央的一座象征佛陀所在的须弥山,周围四座象征四大部洲。著名的金刚宝座塔有北京香山碧云寺金刚宝座塔、北京西黄寺清净化城塔、云南曼飞龙塔等。

金刚宝座塔(郭启辰 绘制)

经幢塔

经幢塔通常是寺院中较为小型的石制构筑物，由数节石柱加上其他石构件摞成，通常石柱塔身刻有全本经文或供养人及寺庙信息，是研究一座寺庙历史的重要文物参考。

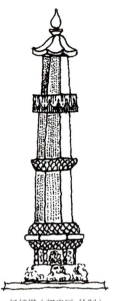

经幢塔（郭启辰 绘制）

山西五台山佛光寺二经幢（郭启辰 绘制）

著名的山西五台山佛光寺经幢上雕刻的文字就帮助我们准确了解了佛光寺的修建者和修建年代。

宝箧印经塔

宝箧印经塔是五代时期吴越国王钱弘俶创立的一种特殊佛塔，又名阿育王塔，由亭阁式塔发展而来。

宝箧印经塔平面为正方形，由塔基、塔身、山花蕉叶、相轮、华盖、宝珠组成，有小型和大型两种做法。小型宝箧印经塔用来盛放舍利、经文、宝物等，外表用金银包裹，金银表皮上装饰有佛本生故事、经文、瑞兽、供养人名单等。更华丽者还嵌有各色宝石，这种塔通常安放在重要寺院佛塔的地宫中，是稀世珍宝。大型宝箧印经塔多为石材砌筑，配合金属装饰，建在寺院中，最著名的宝箧印经塔如南京大报恩寺遗址出土的阿育王塔。

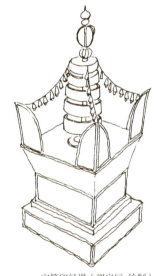

宝箧印经塔（郭启辰 绘制）

除上述七种佛塔之外，还有很多变体佛塔，像花塔、繁塔、洞窟塔等。从中国的佛塔中，我们可以清晰地看到一个外来宗教逐渐本土化的过程，中国的信众用完全不同的文化阐释出了相同的佛法，这足以证明文化、信仰是没有国界的。

3 / 山中有大佛——石窟寺

龙门石窟前的膜拜（刘雷 拍摄）

小知识 按佛经的要求，修禅首先必须观像，也就是要谛观佛的种种相好，这样静虑入定之后会出现种种见佛的幻境，达到心神与佛交融的境地。

挖石造房

石窟寺，是什么？

石窟寺，就是开凿在山崖上的佛寺，是模仿地面的佛寺建筑而建造，与一般佛寺的功能相同，都是用来拜佛、起居和禅修等，因此石窟中往往都雕或塑有佛像。

石窟寺比普通寺庙更加坚固耐久，易于长存，是僧俗信徒修功德、祈福田的理想场所，一般在依山傍水、环境清幽的地方开凿。

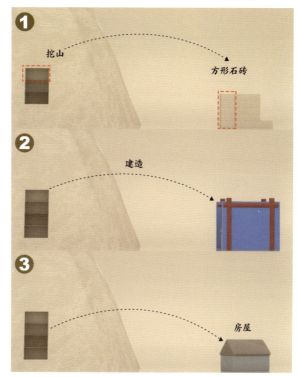

石窟挖掘示意图（陈婉钰 绘制）

佛窟

石窟可分为以下几种类型：

中心柱窟（陈婉钰 绘制）

中心柱窟

中心柱窟是一类窟中有根中心柱的洞窟，也叫塔庙窟、塔柱窟。

中心柱窟——莫高窟第254窟（敦煌研究院官网）

中心柱窟的原型是印度的支提窟，当时的主要特征是在窟中建一座佛塔，传入中国后，中心佛塔逐渐演变为中心柱。龟兹石窟中心柱周围券顶较为低矮，到中原及敦煌石窟后，佛塔完全变成方柱，柱体四面开龛，龛内安置佛教造像，侧壁也开龛安置佛像。唐前朝的须弥山石窟（105窟）有大型的中心柱窟，隋唐以后，中心柱窟被佛殿窟替代，此后，中心柱窟逐渐消失。

> **小知识** 龟兹石窟是龟兹国境内石窟的总称。现于龟兹境内保存。佛教石窟遗址主要集中在库车县、新和县及拜城县内。

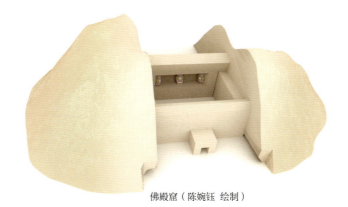

佛殿窟（陈婉钰 绘制）

佛殿窟

佛殿窟是一类功能与寺院摆放佛像的佛殿相似的洞窟。

佛殿窟也叫方形窟，佛殿窟平面多为方形，也叫方形窟，窟顶有券顶、穹窿顶、斗四套斗顶、盝顶、覆斗顶等多种形式，其中覆斗顶是中国最本土化的一种窟形，佛殿窟中的佛像一般放在正壁或侧壁，正壁一龛窟是最为流行的模式。

佛殿窟——莫高窟第285窟（敦煌研究院官网）

佛坛窟

佛坛窟是一类窟中有佛坛的石窟,是佛殿窟的一种。

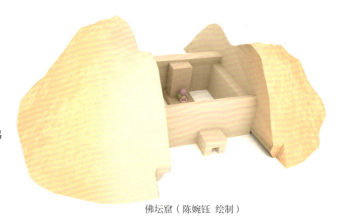

佛坛窟(陈婉钰 绘制)

佛坛窟中有方形或长方形的佛坛,坛上摆佛像,四壁不再设佛像。北朝时期已经有佛坛窟,而莫高窟的佛坛窟在唐后期才开始流行,四川广元石窟、河南龙门石窟等都有这类石窟。

佛坛窟——莫高窟第61窟(敦煌研究院官网)

大像窟（陈婉钰 绘制）

大像窟

大像窟是一类窟中雕凿或塑造高大佛像的石窟，是佛殿窟的一种。

大像窟是令人印象最深的一类石窟，这类窟开口较大，为防雨在窟前多建有屋檐或楼阁等。

南大像窟——莫高窟第130窟（敦煌研究院官网）

涅槃窟

涅槃窟是一类窟内安置佛祖涅槃像的洞窟，是佛殿窟的一种。

平面多为横长方形，窟顶有盝顶、梯形顶、横券顶等多种式样，宏大的涅槃像在正壁的涅槃台上。涅槃窟在龟兹石窟中出现较早，北朝时在西北和中原也有出现，但多不是主像，唐代以后，莫高窟出现涅槃主像的洞窟。

涅槃窟（陈婉钰 绘制）

涅槃窟——莫高窟第158窟（敦煌研究院官网）

除了以上几种形制的洞窟，还有用来给禅僧习禅修行、礼佛观像的禅窟，为了纪念高僧建造的影窟，安葬僧人尸骨的瘗（yì）窟等。

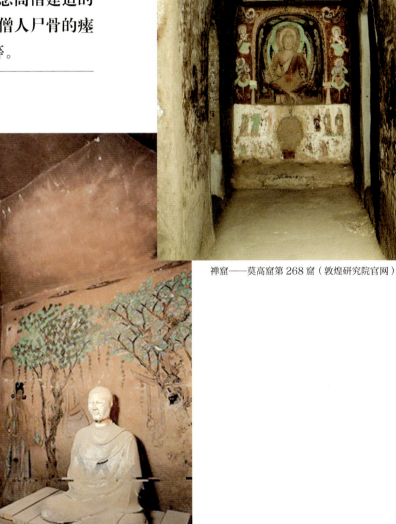

禅窟——莫高窟第268窟（敦煌研究院官网）

影窟——莫高窟第17窟（敦煌研究院官网）

石窟寺是如何演变的？

中国石窟开凿约始于3世纪，盛于5~8世纪，最晚可到16世纪。

印度起源

石窟寺起源于3世纪的古印度，孔雀王朝的阿育王时期开始凿山开窟，最早的石窟并非佛教徒开凿，佛教创立后，佛教徒借用这种适应印度当地炎热气候的寺院形式，而后逐渐流行，最有名的就是印度的阿旃陀石窟。

入华发展

随着佛教传播，石窟寺及其艺术通过"丝绸之路"传播到中国内地。大约3世纪，龟兹国已成为葱岭以东的佛教中心。以库车、拜城为中心的古龟兹地区是新疆地区石窟寺最集中的区域，现存有克孜尔等石窟。

克孜尔石窟（一）（刘雷 拍摄）

天梯山石窟（刘雷 拍摄）

开花结果

魏晋南北朝时佛教繁荣，开凿石窟风气盛行，4世纪末期，河西地区有石窟出现。甘肃武威的天梯山石窟，就在东晋十六国时的北凉建造，这是我国开凿最早的石窟之一，也是我国早期石窟艺术的代表，学术界称之为"石窟鼻祖"。

云冈石窟昙曜五窟（秦子葳 拍摄）

　　5世纪初，北魏灭北凉后定都平城（今山西大同），佛教和石窟寺开凿传入中原，北魏和平初年（460年）云冈石窟开凿，长期以来这里都是中原石窟寺开凿的中心。

493年，北魏孝文帝迁都洛阳，在城南开凿龙门石窟，以洛阳为中心的石窟寺群出现。534～535年（6世纪前期）北魏分裂，东部石窟以邺城和太原为中心，出现了南北响堂山石窟、水浴寺石窟、小南海石窟等；西部政局平稳，石窟开凿工程依旧，出现了天水麦积山石窟、敦煌莫高窟等。

敦煌莫高窟第一窟（第275窟）（敦煌研究院官网）

6~8世纪，石窟寺开凿增多，龙门石窟、敦煌石窟等开始了更大规模的开凿建造。

龙门石窟（张屹然 拍摄）

重庆大足石刻（一）（郭启辰 拍摄）

8世纪后，唐朝由盛转衰，北方开窟衰落，石窟中心向政局稳定的西南转移，宋辽金元时期，开窟虽然稍恢复，但到了明清时期，开凿工程已趋于寂寥了。

总的来说，石窟寺在中国的发展主要为：4~5世纪，石窟出现在龟兹地区，如新疆克孜尔石窟；5世纪初，开始发展到河西地区，如甘肃武威天梯山石窟；5世纪中，进入中原地区，开始完全中国化，有了如山西大同云冈石窟、河南洛阳龙门石窟这样的精品；此后，开始再次传入全国各地，出现敦煌石窟、麦积山石窟、响堂山石窟、大足石窟、乐山大佛等众多中国化的石窟寺。

石窟寺与石窟，在哪里？

中国石窟寺在哪里？

了解石窟寺在中国的发展后，可能大家对它的印象只有"数量多、分布广、历史长、价值高"，我国各地都有石窟寺，因年代、选址、文化的不同，大致分成了新疆地区、中原与北方地区、南方地区、西藏地区四个区域的石窟寺。

新疆地区 新疆地区的石窟寺主要在：古龟兹地区、古焉耆地区、吐鲁番地区。新疆是中国佛教从印度传入较早的地区，因此这里的石窟寺极具异域情调。这里的代表性石窟有克孜尔石窟、库木吐喇石窟、吐峪沟石窟等。

克孜尔石窟（二）（刘雷 拍摄）

雕塑壁画特色：一定程度延续印度石窟风格，采用泥塑和壁画相结合的方式。

洞窟形制：多为塔庙窟、大像窟、僧房窟、禅窟，或以塔庙窟、大像窟为主的组合窟。

中原与北方地区 中原与北方的石窟寺主要分布在河西走廊、宁夏、陕西、山西和河南，中原与北方的石窟寺数量最多、内容最复杂，这里是中国石窟寺发展的主要地区。代表性的石窟有莫高窟、麦积山石窟、万佛寺石窟、云冈石窟、龙门石窟等。

麦积山石窟第98窟（刘雷 拍摄）

雕塑壁画特色：主要用泥塑壁画相结合和石雕刻的方法，在中原与北方石窟寺的发展后期，中国石窟雕刻发展到最好。龙门石窟基本完成了佛教的中国化。可以说，石窟从以壁画为主到以石雕刻为主，其实是佛教中国化的过程。

洞窟形制：主要为中心柱窟、佛殿窟、大像窟，也有少量禅窟及禅窟群。

南方地区 南方地区的石窟寺主要分布在江南、四川和云南，因为南方气候湿润，不利于建造石窟寺，再加上南方地区的佛教重"禅修"，所以开凿石窟寺比较少。代表性的石窟有南京栖霞寺千佛崖石窟、四川乐山大佛、重庆大足石刻、杭州飞来峰造像等。

重庆大足石刻（二）（郭启辰 拍摄）

雕塑壁画特色：大部分是摩崖龛像，洞窟比较少。

洞窟形制：摩崖龛一般是双重、三重龛形，也有屋形龛；有少量中心柱窟、佛殿窟（如川北广元泽寺和千佛崖石窟）。

四川乐山大佛（高曦亨 拍摄）

西藏地区 西藏的石窟寺主要分布在日喀则、拉萨、山南、林芝、昌都地区、西部阿里地区。西藏的石窟大部分是没有造像的禅窟和僧房窟，摩崖造像分布比较广，是中国晚期石窟寺的主要区域，造像的时间大都在10世纪以后。代表性的石窟有拉萨药王山石刻、"东嘎皮央"石窟等。

雕塑壁画特色：日喀则、拉萨、山南、林芝、昌都地区主要是摩崖造像；西部阿里地区开凿石窟寺较多。

洞窟形制：多为佛殿窟、佛坛窟、僧房窟、仓库窟和禅窟，有少量中心柱窟。

石窟旅游去哪里？
哪里石窟多？

省市区名称		说明
一	四川	四川省内石窟寺及摩崖造像众多，内容题材独具本地特色。**49处**
二	河北	河北省内现已发现最大的石窟寺是响堂山石窟，反映了最早时期的中西文化结合。**37处**
三	甘肃	甘肃省内以敦煌为起点，形成一条著名的石窟艺术长廊。**29处**
四	陕西	陕西是中原北方晚期石窟聚集中心。**28处**
五	河南	河南作为中国建都朝代最多、建都历史最长，古都古迹最多的省份，石窟古迹更是不会少。**25处**
六	山东	山东地区石窟主要集中在济南、青州等地。**21处**

四川（49处）：千佛崖摩崖造像、圆觉洞、卧佛院、木门寺、毗卢洞、孔雀洞、华严洞、名山寺、千佛寨安岳是目前中国已知古代佛教造像遗址最集中的县、乐山大佛

河北（37处）：响堂山石窟、响南山石窟（洞窟形制小，开凿年代精晚（565年），其中中佛洞最壮观）、雕刻精美

甘肃（29处）：麦积山石窟、拉梢寺石窟、马蹄寺石窟群、炳灵寺石窟、天梯山石窟、北石窟寺、莫高窟、大小石窟众多……、气势宏大

陕西（28处）：大佛寺石窟（世界文化遗产，陕西省咸阳市彬县）、慈善寺石窟、宜君石窟群、万神殿石窟、钟山石窟、万佛洞、清凉山石窟、悬空寺石窟、悬崖

河南（25处）：龙门石窟、"中国石刻艺术的最高峰"、造像楼最多最大

山东（21处）：大佛寺、千佛崖石窟、山东地区现存石窟造像最大的一般

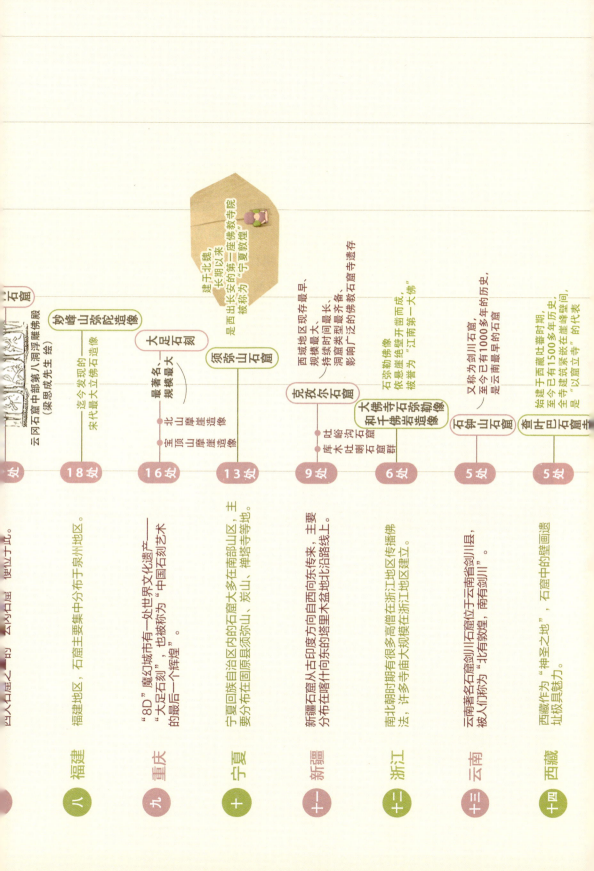

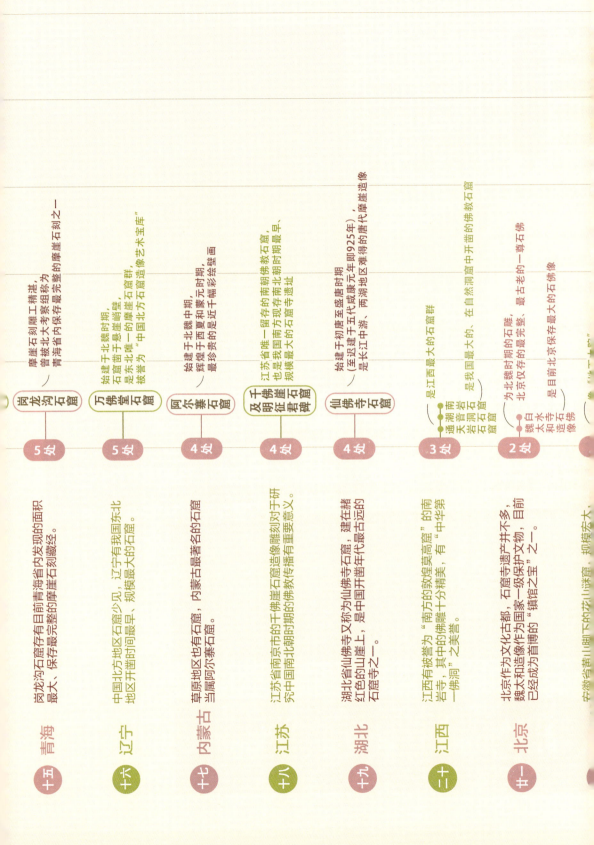

龙门石窟

龙门石窟位于河南洛阳市龙门山与香山的崖面上，初凿于北魏孝文帝太和十八年（494年），经隋、唐、北宋陆续开凿，历时400余年完成。龙门石窟南北长1000米，今存有窟龛2345个，造像10万余尊，碑刻题记2860余块。1961年被国务院公布为全国第一批重点文物保护单位。作为皇家石刻艺术的典范，龙门石窟**对敦煌莫高窟等地造像**产生了深远的影响，甚至远及域外，日本等国的石窟造型艺术也多受其影响。龙门石窟代表性的洞窟有北魏古阳洞、宾阳洞，唐代万佛洞、奉先寺等。

龙门石窟（刘雷 拍摄）

石窟有话说

21世纪以来，我国虽然已出台了很多石窟寺的保护规划，但是石窟因为本身雕刻的岩性风化、时代久远、周边环境复杂等原因，石窟寺的保护依然困难重重，石窟寺的开发利用为石窟保护部门带来了修缮经费的同时，却也加速了人类对石窟遗产的破坏。

2019年被习近平总书记授予"文物保护杰出贡献者"国家荣誉称号的樊锦诗，与其他前辈一道为中国石窟的保护做出默默无闻的贡献已近半生，作为普通大众的我们，能为石窟寺的保护做些什么呢？

了解石窟寺的文化与价值，向其他人讲述石窟保护的重要性，争取减少身边人对石窟寺无意识的破坏行为，这些我们都可以从现在做起。毕竟，不破坏就是最好的保护。

4 / 天堑变通途——桥梁

桥是怎么出现的？

01　萌芽——西周春秋时期

在西周、春秋以前的时期，河流阻断着两边部落的交流，自然给了人类树木与石头，独木桥与河中汀（tīng）步初露锋芒。

据《史记》《水经注》记载，第一座桥为商代拒桥（巨桥）。由此，我国正式开启桥的纪元。

《诗经·大明》中有记载，周文王姬昌建造浮桥"亲迎于渭，造舟为梁"。春秋时，架起黄河第一座浮桥——蒲津渡浮桥。随着春秋时造铁与拱券技术的发展，诞生了石拱的旅人桥。

02　壮大——秦汉三国时期

在秦汉三国时期为主的阶段，秦时大兴宫殿，建造技术发展迅猛，桥梁分支出了栈道与复道，宫殿群中"长桥卧波""复道行空"，军事要道上"栈道千里，通于巴蜀"。

此时还出现了有明确尺寸记载的跨渭河木梁桥——中渭桥（桥广6丈，南北长380步，750柱，212梁，68孔）。西汉时，《蜀记》也记载有最早的竹索桥——七星桥。

03　鼎盛——隋唐宋晋时期

唐宋为主的阶段，这时候国力强盛、技术发达。隋代赵州桥石破天惊，敞肩拱桥带领桥梁走向世界；宋代的编木拱桥好似飞虹卧波，标志着中国桥走向鼎盛。

04　饱和——元明清时期

元明清时期为主的阶段，由于建造技术难以突破，桥梁的修缮、重建、模仿变为主流，现存桥梁大多是在这个阶段修缮的。

中国古桥类型多

中国古桥类型众多,大多都是就地取材,用藤蔓、竹子、木头、砖石等材料来战胜自然,修筑了各种各样的桥梁。

梁桥

区分要点 桥墩上面是横梁的桥被称为梁桥。这是最早的一种桥,下为桥墩支撑,上铺梁为桥面,也叫平桥、跨空梁桥。原始时期,突出水面可跳跃过河的矴步、倒木成桥的独木桥等,都被认为是梁桥的最初形态。有学者认为,河姆渡与半坡遗址中已有梁桥。

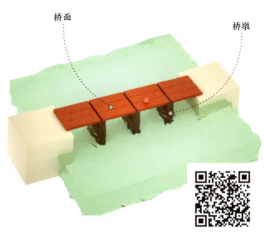

梁桥(陈婉钰 绘制)　梁桥

详细分类 梁桥因其悠久的历史和广泛的分布,种类繁多。根据结构和受力可分为简支梁桥、连续梁桥、伸臂式梁桥。

简支梁桥 简支梁桥是用最简单的方式支起的梁桥,为"一梁二墩"模式,即一个梁放在两个桥墩上。根据有无桥墩,分为单跨和多跨。由于受当时材料限制,一般跨度不大,如园林中的折桥。

两个桥墩的简支梁桥
(陈婉钰 绘制)

连续梁桥 连续梁桥是简支梁桥的进化版,为"一梁多墩"模式,即一个梁下方连续放置多个桥墩。连续梁桥通常将一个梁放在连续的3~6个桥墩上,减轻了单独梁的压力。一般在地基好、跨度大的地方应用较多。

连续梁桥(陈婉钰 绘制)

伸臂梁桥　遇到跨度大，却无法做桥墩的地方，上面两种桥无法建设时，伸臂梁桥应运而生。伸臂梁桥（又称为悬臂梁桥）在桥墩一侧或两侧，悬挑出短臂，节节伸出。在两个悬臂间架起梁，来承接梁的重量。根据桥墩一侧或两侧伸出的伸臂数，有单（侧）伸臂或双（侧）伸臂梁桥，以及斜撑伸臂式梁桥。

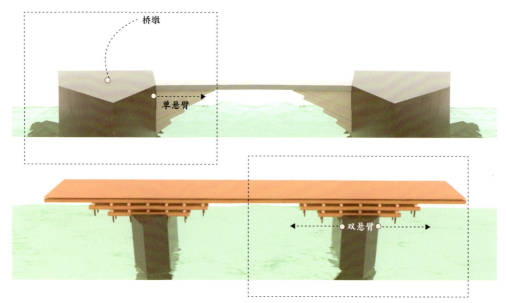

单悬臂与双悬臂（王威　陈婉钰　绘制）

浮桥——浮在河上的桥

区分要点　当河流宽广、技术有限时，人造梁桥的技术就不够用了，人们想到了用船代替桥墩，浮动的船上再铺桥面，形成了浮桥。除了船，其他可浮起来的筏、浮箱等均可作为浮体。

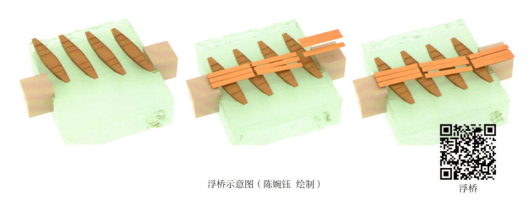

浮桥示意图（陈婉钰　绘制）

浮桥

我国最早的浮桥,在《诗经·大雅·大明》中记载,周文王"**亲迎于渭,造舟为梁**",讲述周文王为了迎娶妃子,在渭河上用舟船相连架设浮桥,亲自迎接的故事。

浮桥因为结构简单、施工快、造价低、随时开合、便于通航、可移动等优点,使其古往今来在军事领域独占鳌头,不过载重小、随波起伏、御洪差、维护烦琐,浮桥在民间没有其他桥梁应用广泛。

著名的浮桥有万安浮桥。现存长期使用的浮桥数量并不多,根据建造和形态可分为直浮桥和曲浮桥。

详细分类

直浮桥 船固定停靠,船单独抛锚固定或者系在桩柱上,每只船都沿直线布置,上设桥面,桥整体大致顺直,称为直浮桥。为防颠簸,往往在船头或者船尾,用横拉的锁链固定好船只,稳固桥体结构。

曲浮桥 有些河流较深,无法用锚固定船,人们则先用索绳系在两岸边,将船等漂浮物串联起来做浮桥。浮桥受到水流的冲击,自然地向下游弯曲形成曲线形,因此曲浮桥上的桥板是可活动的。

直浮桥(陈婉钰 绘制)

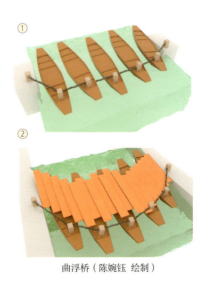

曲浮桥(陈婉钰 绘制)

除了直浮桥和曲浮桥,还有因潮汐涨落建造的、可涨落浮动的潮汐浮桥,可允许船只通航的通航浮桥,以及与梁桥等桥梁结合的组合浮桥。

索桥

区分要点 索桥是用索绳建成的桥。在一些深谷、无河的山地地区，无法建设桥墩，也无法用船，希望就寄托在了一根索绳上。人们用竹子、藤蔓、铁索做成索绳，架在山涧中通行，这就是索桥。索桥在我国西南地区较多，主要常见于云南、贵州、四川、秦岭或台湾山区等地。索桥又称为悬桥、悬索桥、吊桥等，古书上的竿桥、绳桥、胆桥也都是指索桥。

我国已知最早的索桥是西汉的七星桥。

详细分类 索桥在漫长的发展过程中，呈现出多种多样的形态和建造方式。根据通行方式及材料，可以分为溜索桥、步行藤竹索桥、步行铁索桥。

溜索桥 溜索桥是人们可以溜着过河的索桥，又称为溜索渡、溜筒桥，由两条或一条索绳系在岸边的固定物上，用竹、木的溜板等放在溜索上，借助重力从高岸边滑向低岸边。溜索桥还可以运输动物和货物。绳索在古时多为竹索、铁索，现多为钢丝索。

步行竹、藤索桥 竹索桥一般都是并列多索竹索桥。将竹子劈成内芯和外皮，利用特殊方法编制成竹索，将多根竹索并列连在两岸，两端系紧固定，上面横铺桥板供人通行。竹索桥在秦代就已出现，而现存最早的是重建于清光绪年间的安澜桥。

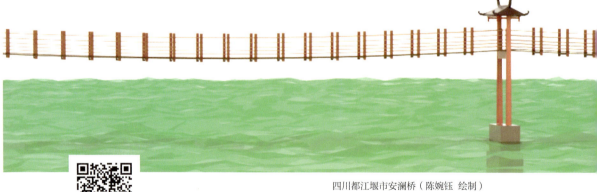

四川都江堰市安澜桥（陈婉钰 绘制）

安澜桥

藤索桥以粗细不等的藤索连接两岸，上做桥面供人通行。因藤条材质限制，一般都是做成藤网桥，将整个藤索桥固定成筒状，桥面用细藤编织，安全感十足。最早的藤索桥在唐朝《资治通鉴》中有记载：

"玄宗天宝六年（747年），吐蕃以女妻小勃律王，及其旁二十余国，皆附吐蕃……藤桥者，通吐蕃之路也……藤桥去城犹六十里，仙芝急遣元庆往斫之……藤桥阔尽一矢力修之，期年乃成。"

步行铁索桥 铁索桥是用铁索作为骨架的索桥，又称为铁链桥、铁锁桥、镴桥等，主要用在云贵川和西藏的高山激流处，我国记载最早的铁索桥是樊河桥，此桥建于汉元年（前206年），位于陕西褒城北留坝县道马镇的樊河上。

《汉中府志》："马道河，县北九十里，源发驿西山峡中，东流合褒水，古名寒溪。昔韩信亡汉至此，水涨不能渡，萧何故追及之。谚曰：'不是寒溪一夜涨，那得刘朝四百年。'樊哙于此建桥，今名曰樊河也。"

双索桥和四索桥

最简易的如双索步行桥，包括上下双索人行桥和左右双索人行桥：上下双索步行桥是人踩在下索、手扶上索，人走在上面会相对晃动，步履维艰；左右双索步行桥是双索两端固定在岸边，中间用皮绳、锁链、藤条等横向连接，再编织藤蔓或用木板做桥面供人在上面通行，用链条或者藤蔓做桥栏。

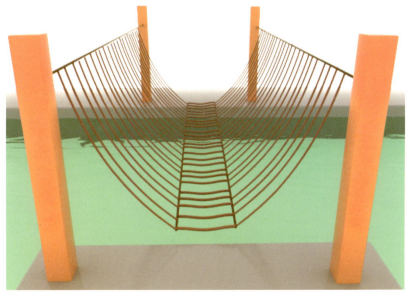

左右双索步行桥（陈婉钰 绘制）

后又有三索、四索、六索、多索步行桥。底部是多根并列的铁链，铺上木板形成桥面，左右有铁链作扶手，两岸有桥台或建筑以固定铁索。知名的多索步行桥有泸定桥、霁虹桥等。

多索步行桥模型图（陈婉钰 绘制）

小知识 索桥的建设方式。
① 河流较狭窄处，可在索上系细绳，细绳拴在箭上，用弓箭射到对岸，再将索绳拖拽过去；
② 水流较急处，两岸各有一人，将细绳上栓金属块或石块，同时向河流上游甩掷，被河流激流冲击绞缠在一起后，向一岸牵引，将主索引向彼岸；
③ 江面较宽时，利用船只载索过河，缓慢释放，这一方法对于轻的竹索较为有效，铁索较为费劲；
④ 铁索桥的架设需要先在两岸架设起溜索桥，岸边架设桥台，用溜索桥安装吊索，逐一将铁索固定，形成多索的铁索桥，铁索桥的后期维护大修也多用此方式；
⑤ 需要熟悉山野地形的高手山民用草绳拴着索绳，沿峭壁攀岩到目的地，再将铁索拽上山涧固定。
架索的方法有五种。

架索的五种方法

欧洲最早建成的铁索桥为1741年（清乾隆六年）的英国，而我国记载最早的铁索桥建于汉元年（前206年）。中国古代索桥建造工艺非常领先，这也为现代悬索桥提供了宝贵启示，近代悬索桥也是古索桥的延续。

拱桥

区分要点 拱桥是以拱券为主要结构的桥。经过漫长的桥梁建设的探索，拱券技术日益成熟并应用到桥梁后，兼具艺术造型与承重能力的拱桥占据了上风，在全国各地遍布开来。

"拱"在《说文》中解释为"敛手也"，抱拳敛手为拱，后将隆起弯曲的都叫拱。

《水经注·谷水》记载的旅人桥建于西晋太康三年（282年），长期以来被认为是最早的拱桥，但桥梁学家唐寰澄却认为是东汉阳嘉四年（135年）的洛阳建春门桥。拱桥在桥梁史上出现的时间最晚，但却主导了古代桥梁的发展走向。

详细分类 因地域和时代的差异,拱桥也有多种分类方式,按照材质与搭建方式分为石拱桥和木拱桥。

石拱桥

折边拱桥

实腹拱桥

敞肩拱桥

折边石拱桥

由于圆曲线拱的拱石加工困难,有人认为拱是折边演进而来,即用直的石料砌筑成折边的桥梁。这种折边拱桥集中在浙江绍兴。

折边石拱桥(陈婉钰 绘制)

除了折边桥以外,曲线形拱桥更加普遍,桥面的高度因弧线的曲率不同而有所变化。曲线形拱桥主要有以下两种。

实腹曲线石拱桥

将桥的"腹部"填满充实,即拱券两侧用砖石等材料填充完全,既保护和加固了拱券,又共同承载了桥面重量。这是早期的一种石拱桥,后来在国内也很常见。

实腹曲线石拱桥(陈婉钰 绘制)

敞肩曲线石拱桥

即大拱券两肩位置敞开空心的桥,拱上的桥体由实心变成空心,小拱垒架在大拱之上,减轻了石拱桥整体重量,也减小了拱券厚度和墩台尺寸,增大桥梁的泄洪能力。我国最为著名的敞肩曲线石拱桥就是赵州桥。

敞肩曲线石拱桥(陈婉钰 绘制)

将实腹的拱桥两侧开出小拱，砖石可以由一侧向另一侧推出来形成小拱，做完后让水流从三个孔里流出，具体可参考赵州桥的样式。

小知识 敞肩的赵州桥。

敞肩拱桥技术首创于我国，在世界桥梁界有着举足轻重的地位。国外自罗马时代到14世纪一千多年时间都是墩台上有小拱的石拱桥，自14世纪开始出现敞肩圆弧拱。我国的敞肩石拱桥技术领先国外1000余年。

单跨37.02米的敞肩圆弧石拱桥——赵州桥，跨度纪录在世界保持了600年，在中国保持了1347年。

小知识 拱券砌筑方法。

拱桥的核心技术——拱券的建造方法，是人类桥梁史乃至建筑史上的一项重大发明，在我国古代，石拱桥砌筑方法众多，主要有并列砌筑和横联砌筑，及派生出的其他形式。

并列砌筑法：并列拱券由多列独立拱券并列，彼此间用腰铁等构件固定各独立拱券，这种方法对石块要求低、安装简单，但横向联系弱、拱券易松向外倾，对施工技术要求也高，现存著名的赵州桥即为并列拱券形式。

横联砌筑法：这在古代是最流行的一种做法，将整个桥的拱券一起制作，券石横向交错砌筑，石头间不用卯接，就能横向压实联合，桥梁拱券具有整体性。后派生出镶边、框式及镶框组合的横联砌筑法。

堆砌方式

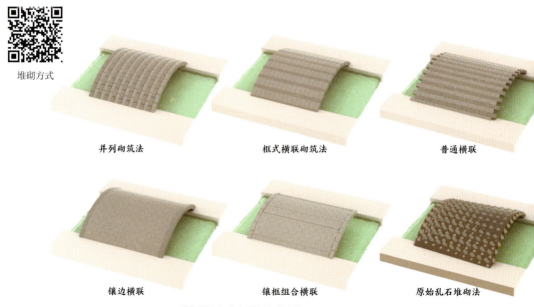

并列砌筑法　　　框式横联砌筑法　　　普通横联

镶边横联　　　镶框组合横联　　　原始乱石堆砌法

拱券砌筑方式（陈婉钰 绘制）

木拱桥 木拱桥是用木头搭出拱建造的桥,这是一种1953年前在中国民间流传、没有文字记载、不为世界桥梁界所知的传奇桥梁,仅用木条的搭接,便架起一座横空轻巧的桥梁形式,最早见于张择端版的《清明上河图》中的汴水虹桥。

木拱桥的建造方式(陈婉钰 绘制)

木拱桥

木拱桥结构形式独特和分布广泛,与石拱桥是完全不同的两个结构体系,却脉络相承,在古桥史中自成一体。经过当代研究,木拱桥被认为源自木梁桥,先是经过木梁加斜撑——撑架桥阶段,后逐渐发展成了木拱桥,也有人称之为编木拱桥或贯木拱桥。

> **小知识** 木拱桥的发现之旅。
>
> 自1953年故宫博物院展出张择端版本的《清明上河图》,虹桥木拱桥被桥梁学家注意到并且开始研究后的很长一段时间,人们认为木拱桥早已失传。直到1980年杭州的一个古桥技术史会议上,浙江省交通厅介绍了浙江地区的"八字撑架"桥——梅崇桥(2005年6月因村妇拜佛烧香焚毁),才引起专家注意,赴现场查看后发现是贯木拱桥的衍变,于是后来专家和各地加大发现力度,在浙闽地区多处发现贯木拱桥的影子,证明木拱桥在我国南方再次生根发芽,焕发出新的生命活力。

桥梁有话说:古桥的保护

当代中国桥梁的伟绩,更是几千年以来桥梁技术的积累!现存古桥梁大多为明清时期建造或重建,经历几百年的使用后,桥体各部位被水侵蚀、表面风化,桥面、桥基开裂,植物根系蔓延导致结构错位,人为破坏了河流环境,破坏了桥梁环境。人为错误的修缮也对桥梁造成了相当大的破坏,例如不明桥梁结构而统一使用水泥钢筋等措施加固桥体,这在破坏桥体结构的同时,也破坏了桥梁作为建筑遗产的整体性和真实性,严重破坏了桥梁承载的历史文化价值。

2008年木拱桥传统营造技艺和石桥营造技艺被收录进国家级非物质文化遗产目录,让这两种桥的建造技术免于失传。

5 / 屋顶有怪兽——脊兽与蹲兽

脊兽

在中国古建筑的屋顶上，总有些精巧玲珑的小怪兽站在屋脊，它们被赋予一个共同的名字——脊兽。

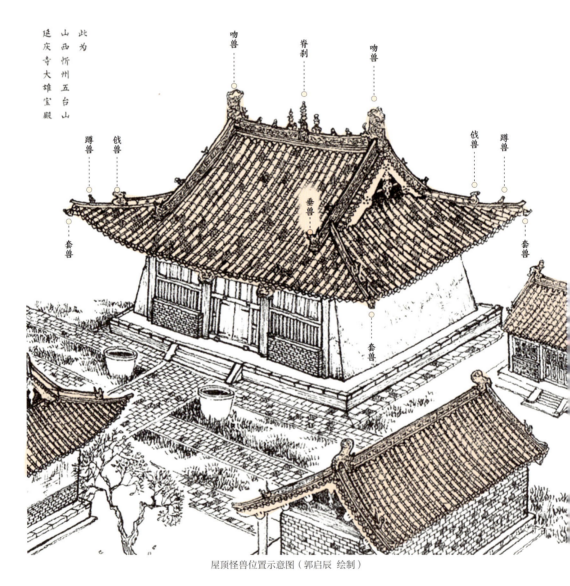

此为山西忻州五台山延庆寺大雄宝殿

屋顶怪兽位置示意图（郭启辰 绘制）

针对脊兽出现在不同脊的不同位置上，又可以分为正脊上的"吻兽"，垂脊上的"垂兽"，戗脊上的"戗兽"，戗脊前端的一排"蹲兽"。

吻兽

先说一下体积最大的"吻兽",确切地说有建筑就有吻兽,然而现今发现的最古老的吻兽如下图所示。

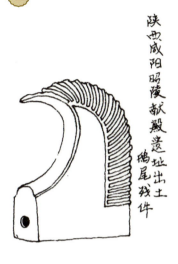

鸱尾(一)(郭启辰 绘制)

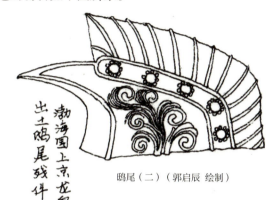

鸱尾(二)(郭启辰 绘制)

这个看起来像一只官靴一样的吻兽名叫"鸱尾"。是吻兽最古老的形式。"鸱"即是大鹏鸟,"尾"即是鲲之尾。通俗来讲,"鸱尾"就是鲸鱼尾巴。古代人认为,鲸鱼是一种很神秘的动物,只见其尾不见其身,能掀起巨大的浪,所以将它的尾巴装饰在最重要的正脊两端。

久而久之,人们觉得应该给这种神秘的大鱼画一个头。于是,屋脊上首次出现了人类想象中的生物:鸱吻。"吻"来源于这个小怪兽嘴部和屋脊的关系。

鸱吻(一)(郭启辰 绘制)

鸱吻(二)(郭启辰 绘制)

第八章 趣类 222 | 223

龙吻

后来，先民们开始在"鸱吻"上画龙，改称为"龙吻"。此后，龙长得越来越大，把鸱吻彻底挤出了历史舞台。"龙吻"没有固定的形态，有明显龙造型的吻兽，都可以叫作"龙吻"。龙吻在审美层次极高的宋代和琉璃烧造业高度发达的元代最为流行。

山西忻州五台山佛光寺东大殿龙吻

山西太原晋祠圣母殿龙吻

山西忻州五台山碧山寺雷音宝殿龙吻

龙吻（郭启辰 绘制）

螭吻

后来，先民们发现这种龙吻虽然复杂漂亮，但是形式多样，不够统一，在等级森严的皇宫中不成规矩，所以诞生了现在最为常见的：螭吻。

半龙半鱼
大腹大口
能蓄百川

螭，民间传说解释其为龙的九个儿子之一，半龙半鱼，身子蜷曲，肚内非常能装水，有利于建筑防火，所以明清时期建筑上的"吻"大多采用这种形式的"螭吻"。但是，随着紫禁城最后一任皇帝的离开，先民们对吻兽的创造也戛然而止。

螭吻（郭启辰 绘制）

蹲兽

蹲兽造型千姿百态，除了有各色神兽造型外，还有诸多神仙武士等造型，故蹲兽又被称为仙人走兽。

故宫太和殿上的仙人走兽是最具代表性的例子。数量上，太和殿戗脊上仙人走兽的数量是 11 个，是现存古建筑仙人走兽数量最多者。

山西洪洞广胜上寺毗卢殿

蹲兽位置示意（郭启辰 绘制）

仙人

北京故宫太和殿琉璃仙人骑凤

仙人骑凤（郭启辰 绘制）

太和殿戗脊最前端的是明清时期最流行的仙人骑凤，顾名思义，就是一位仙人骑着凤凰。

话说春秋战国时期，齐国某国君战败，被追逐至一条大河边，在走投无路之际，一只神鸟出现在国君面前，带其逃出生天，是为逢凶化吉的故事实例，也是仙人骑凤的一段故事。明清统治者把仙人骑凤安置在戗脊最前端，也是寓意着逢凶化吉。

走兽

走兽的顺序

走兽的顺序常常给大家造成困扰，这是因为参照的照片、老照片都是后人修缮调整过的，这不能作为我们判断最初走兽顺序的确凿证据。

在《钦定大清会典事例·卷八百七十六·工部·物材》中脊兽的描述顺序为：龙、凤、狮子、天马、海马、狻猊、押鱼、獬豸、斗牛、行什。后世由于匠人习惯，顺序与最初并不完全相符，但是海马与天马，狻猊与押鱼，獬豸与斗牛分别为一组的组序是不变的。

龙（郭启辰 绘制）

第一位：龙。龙是十个蹲兽中的第一个，代表的是天子与皇权。

凤（郭启辰 绘制）

第二位：凤。凤排在龙之后，代表着皇家的尊贵。

押鱼（郭启辰 绘制）

第六位：押鱼，也作狎（xiá）鱼。狎鱼龙兽鱼身，和之前讲过的螭非常之像，是海中怪兽，能兴风雨，对建筑防火有利。

狻猊（郭启辰 绘制）

第七位：狻（suān）猊（ní）。传说是龙子，生得一副狮子模样。太和殿屋顶的狻猊更像是现实中的母狮子。

獬豸（郭启辰 绘制）

第八位：獬（xiè）豸（zhì）。在上古神话中，獬豸是一个头上长角的怪兽，忠奸是非，常常作为公正无私的象征。治者把它放在屋顶上也寄托了希望自己统治能够正大光明、公正无私的愿望。

第三位

狮（郭启辰 绘制）

第三位：狮。狮是皇宫中除了龙凤之外最常见的神兽，外形来源于雄狮。狮子能够辟邪，通常被当作护法神兽。

第四位

天马（郭启辰 绘制）

第四位：天马。西游记里被大圣管着的就是天马。古人的出行与马脱不开干系，也希望自己能上天入海。有了天马，任你驰骋世界。值得注意的是：古时的天马并无翅膀，形象上通常以飞奔的姿态和祥云衬托来表现骏马奔腾的场景。明清时期很多建筑的天马都加上了翅膀，可见明清时期人们对于意境的追求在慢慢淡化，更需要用具象的形态来表达浪漫。

第五位

海马（郭启辰 绘制）

第五位：海马。海马是天马的好搭档，下海能手。

第九位

斗牛（郭启辰 绘制）

第九位：斗牛。神话中的斗牛也是一种能镇水用水的神物，牛头龙身。

第十位

行什（郭启辰 绘制）

第十位：行什。太和殿的走兽本应为9，即从龙到斗牛共9个。为突出皇权至高无上与太和殿国之"心脏"的地位，便打破常规，增加行什。从造型可推测行什源于藏教中的迦楼罗——雷公。它手持金刚杵，鹰足猴身，鸟喙鸟翅。据记载，太和殿遭雷火焚毁达4次之多，或许古人也想借此祈求建筑能躲避雷火，永保太平。

走兽的形态规定其实并没那么严格。在远离京城的山西、福建等地，仙人走兽的姿态更加浪漫丰富。

> **小知识** 仙人的前世今生。
>
> 宋代，屋脊的仙人并不是骑凤的男性仙人，而是一位长翅膀的仙女——嫔（pín）伽（qié）。嫔伽是一位"佛系"仙女，体现了宋代统治者政教合一的执政理念，现在在各地还可以看到保留至今的宋代嫔伽。到了元代，浪漫优美的嫔伽飞走了，换来的却是粗犷有力的力士武士，蒙古人的豪情和对力量的崇尚在建筑上得以体现。至于后来的明清时期，便是仙人骑凤的天下了。

屋顶怪兽合集（郭启辰 绘制）

第八章 趣类

参考文献

[1]　白庚胜.中国国粹艺术读本——坛庙建筑[M].北京：中国文联出版社，2009.

[2]　韩扬.坛庙[M].北京：北京美术摄影出版社，2014.

[3]　蔡祥梅.明代南京桥梁研究[D].西安：陕西师范大学，2016.

[4]　曹鹏，王其亨.图解北京天坛祈年殿组群营造史[J].新建筑，2010(2):116-121.

[5]　曹鹏.明代都城坛庙建筑研究[D].天津：天津大学，2011.

[6]　陈筱娇.中国古代设计中的"胡化"与汉胡融合现象研究[D].南京：南京艺术学院，2018.

[7]　陈苏镇.东汉的南宫和北宫[J].文史，2018(1):5-24.

[8]　北京市古代建筑研究所.城市记忆：北京四合院普查成果与保护[M].北京：北京美术摄影出版社，2014.

[9]　程昕.斗栱的建筑学探讨与力学分析[D].湘潭：湘潭大学，2019.

[10]　褚安东.清代都城坛庙格局演变体系研究[D].天津：天津大学，2014.

[11]　崔岩勤.红山文化祭祀遗址探析[J].赤峰学院学报(汉文哲学社会科学版)，2013，34(2):1-5.

[12]　邓庆坦.东西方园林风格的差异和原因浅析[J].齐鲁艺苑，1998(4):23-25.

[13]　丁凌华.中国古代守丧之制述论[J].史林，1990(1):1-7.

[14]　丁媛.中国古代桥梁文化专题研究[D].武汉：华中师范大学，2013.

[15]　董楚平.良渚文化祭坛释义——兼释人工大土台和安溪玉璧刻符[J].浙江社会科学，1999(3):3-5.

[16]　董广强.麦积山石窟崖阁建筑初探[J].敦煌研究，1998(3):3-5.

[17]　董新林.中国古代陵墓考古研究[M].福州：福建人民出版社，2005.

[18]　段清波，朱晨露.古代陵墓墓道研究——中国古代陵墓制度研究之四[J].考古与文

物,2019(5):64-70.

[19] 樊昊,杨晓霞,白洋.我国石窟旅游资源的空间分布特征及影响因素分析[J].西南大学学报(自然科学版),2015,37(12):98-103.

[20] 范鸿武.云冈石窟建筑与佛教雕塑研究[D].苏州:苏州大学,2012.

[21] 傅熹年.元大都大内宫殿的复原研究[J].考古学报,1993(1):109-151,165.

[22] 高离卉.天龙山石窟建筑艺术研究[D].南京:南京师范大学,2013.

[23] 高珊,朱强,张一鸣,等.当时间与空间相遇——北京三山五园地区发展历程回顾[J].北京规划建设,2018(5)130-139.

[24] 葛承雍.大明宫:宫殿废墟的考古 震撼历史的建筑[J].中国文化遗产,2009(4):44-55.

[25] 龚静.大明宫初建时日考[J].长安大学学报(社会科学版),2012,14(2):12-15.

[26] 何岁利.唐大明宫"三朝五门"布局的考古学观察[J].考古,2019(5):102-115.

[27] 贺从容,林浓华.晋东南北朝石窟的形制特点浅论[C].2019年中国建筑学会建筑史学分会年会暨学术研讨会论文集(上).中国建筑学会建筑史学分会、北京工业大学:中国建筑学会建筑史学分会,2019:117-125.

[28] 贺业钜.中国古代城市规划史[M].北京:中国建筑工业出版社,1996.

[29] 霍巍.西藏西部佛教石窟中的曼荼罗与东方曼荼罗世界[J].中国藏学,1998(3):3-5.

[30] 计成.园冶[M].北京:中国建筑工业出版社,1981.

[31] 贾珺.北京四合院[M].北京:清华大学出版社,2009.

[32] 贾陇生,付正心,周克超,等.天坛圆丘坛声学现象的实验测试和初步分析[J].黑龙江大学自然科学学报,1995(1):64-68.

[33] 金大珍.试论北魏洛阳城建规模及特点[J].扬州大学学报(人文社会科学版),2004(6):90-94.

[34] 居阅时.帝王陵墓建筑的文化解释[J].同济大学学报(社会科学版),2004(5):12-15.

[35] 孔舒婷.地域文化对中国古建筑的影响——以儒家文化对曲阜孔庙的影响为例[D].青岛:青岛理工大学,2013.

[36] 雷从云,陈绍棣,林秀贞.中国宫殿史(修订本)[M].天津:百花文艺出版社,2008.

[37] 黎娅. 巴蜀地区石窟寺设计艺术研究 [D]. 重庆：重庆大学，2015.

[38] 李德喜. 中国墓葬建筑文化 [M]. 武汉：湖北教育出版社，2004.

[39] 李海，吴维，卢兰. 汉皇宫"未央宫"建筑特点及历史价值考究 [J]. 兰台世界，2014(33):159-160.

[40] 李海. 北魏平城中的宫城布局研究 [J]. 山西大同大学学报（社会科学版），2015,29(3):39-42.

[41] 李剑平. 中国古建筑名词图解辞典 [M]. 太原：山西科学技术出版社，2011.

[42] 李久昌. 古代洛阳都城空间演变研究 [D]. 西安：陕西师范大学，2005.

[43] 李梦磊. 古城墙展示模式研究 [D]. 北京：北京建筑大学，2018.

[44] 李秋萍. 古桥结构体系及石拱桥的分析、监测评估与保护 [D]. 杭州：浙江大学，2011.

[45] 李婷婷. 良渚文化祭坛与高台墓地研究 [D]. 南京：南京师范大学，2017.

[46] 李小亚. 巩县石窟窟龛形制与装饰艺术研究 [D]. 开封：河南大学，2019.

[47] 李裕群. 古代石窟 [M]. 北京：文物出版社，2003.

[48] 李月. "声"反射与"场"氛围——中国古代四大回音建筑的声场原理与应用研究 [D]. 南京：南京艺术学院，2018.

[49] 李志启. 北京天坛的建筑格局 [J]. 中国工程咨询，2011(3): 72-74.

[50] 梁思成. 梁思成全集（第五卷）[M]. 北京：中国建筑工业出版社，2001.

[51] 林哲. 永乐时期北京紫禁城奉天殿平面形制考略 [J]. 古建园林技术，2007(1):54-58.

[52] 刘敦桢. 中国古代建筑史 [M]. 北京：中国建筑工业出版社，1984.

[53] 刘妍. 浙闽木拱桥类型学研究——以桥板苗系统为视角 [J]. 东南大学学报（自然科学版），2011,41(2):430-436.

[54] 刘艳. 唐大明宫含元殿 [J]. 历史教学，1996(9):45.

[55] 刘毅. 中国古代陵墓 [M]. 天津：南开大学出版社，2010.

[56] 刘振东，张建锋. 西汉长乐宫遗址的发现与初步研究 [J]. 考古，2006(10):22-29.

[57] 卢昌德.中国丧礼的形成与厚葬的关系[J].信阳师范学院学报（哲学社会科学版），1996(1):49-54.

[58] 卢嘉锡，唐寰澄.中国科学技术史：桥梁卷[M].北京：科学出版社，2000.

[59] 栾丰实.中国文明起源研究的鸿篇力作——读《牛河梁——红山文化遗址发掘报告（1983～2003年度）》[J].考古，2015(1): 114-120.

[60] 罗杰威，王天赋.中国古代祭天坛庙建筑中的学问[J].建筑与文化，2014(3): 119-120.

[61] 吕厚均，付正心，俞文光等.天坛皇穹宇声学现象的新发现[J].自然科学史研究，1995(4):359-365.

[62] 吕厚均，姚安，张伟平，等.北京天坛声学现象三种机理解释比较研究[J].文物，2017(4): 88-96.

[63] 马炳坚.北京四合院建筑[M].天津：天津大学出版社，1999.

[64] 马炳坚.中国古建筑木作营造技术[M].2版.北京：科学出版社，2003.

[65] 马建兴，郑定.论中国古代守丧制度的法律化[J].思想战线，2005(1):119-124.

[66] 马骏华，高幸.《考工记》与城市形态演变[J].建筑与文化，2013(2): 74-75.

[67] 牛世山.《考工记·匠人营国》与周代的城市规划[J].中原文物，2014(6): 26-34.

[68] 潘德华.斗栱[M].南京：东南大学出版社，2004.

[69] 彭蓉.中国孔庙研究初探[D].北京：北京林业大学，2008.

[70] 彭一刚.中国古典园林分析[M].北京：中国建筑工业出版社，2003.

[71] 钱林书.春秋战国时期的国家、都城、疆域及政区[J].历史教学问题，2000(2):17-22.

[72] 秦保国，韩生存.中国古代伦理思想与陵墓建筑略论[J].大同高等专科学校学报，1999(3):3-5.

[73] 秦岭.唐宋时期安岳佛教石窟建筑研究[D].北京：清华大学，2013.

[74] 芮国耀.余杭瑶山良渚文化祭坛遗址发掘简报[J].文物，1988(1):32-51,102-104.

[75] 陕西岐山凤雏村西周建筑基址发掘简报[J].文物，1979(10):27-37.

[76] 申威隆.汉长安城建章宫考古遗产[J].大众考古，2013(1):84-85.

[77] 沈德祥.良渚文化祭坛与大墓共存的关系探索[J].东南文化,1994(5):58-59.

[78] 沈方圆.折边桥与木拱廊桥的关系研究[D].杭州:浙江大学,2015.

[79] 石外.六朝建康城的考古发掘与展望[N].文汇报,2018-03-23(W09).

[80] 孙柏楠.试论牛河梁遗址蕴含的传统文化核心思想[J].理论界,2013(2):204-206.

[81] 孙大章.中国古建筑大系9:礼制建筑[M].北京:中国建筑工业出版社,2004.

[82] 孙泓洁,祝天华.典藏河北·品读世界文化遗产——清东陵[M].石家庄:河北美术出版社,2008.

[83] 孙鹏.朝阳市牛河梁遗址保护利用现状及其改进对策[D].大连:大连理工大学,2015.

[84] 汤崇平.中国传统建筑木作知识入门——传统建筑基本知识及北京地区清官式建筑木结构、斗栱知识[M].北京:化学工业出版社,2016.

[85] 唐寰澄.中国古代桥梁[M].北京:文物出版社,1957.

[86] 唐寰澄.中国木拱桥[M].北京:中国建筑工业出版社,2010.

[87] 唐家俊.单跨石拱桥的加固保护研究[D].西安:西安建筑科技大学,2007.

[88] 唐仲明.论"响堂样式"的特征及形成[J].敦煌研究,2015(5):58-63.

[89] 田永复.中国仿古建筑构造精解[M].北京:化学工业出版社,2010.

[90] 童寯.江南园林志[M].2版.北京:中国建筑工业出版社,1984.

[91] 万幼楠.图说中国古典建筑:桥·牌坊[M].上海:上海人民美术出版社,2011.

[92] 汪菊渊.中国古代园林史(上卷)[M].北京:中国建筑工业出版社,2006.

[93] 王堃.天坛回音建筑演进轨迹及其文化意蕴[D].哈尔滨:黑龙江大学,2008.

[94] 王其亨.风水理论研究[M].2版.天津:天津大学出版社,2005.

[95] 王其钧,邵松.古典园林[M].北京:中国水利水电出版社,2006.

[96] 王其钧.中国建筑图解词典[M].北京:机械工业出版社,2007.

[97] 王启敏.周代宗庙礼制考[J].唐山师范学院学报,2015,37(1):50-53.

[98]　王彤. 隋唐时期桥梁研究 [D]. 开封：河南大学，2017.

[99]　王骁勇. 陇右石窟的建筑形制 [J]. 天水师范学院学报，2007(4):21-24.

[100]　王晓宁. 大明宫麟德殿遗址 [J]. 黑龙江史志，2012(15):10,15.

[101]　王震. 西周王都研究 [D]. 西安：陕西师范大学，2009.

[102]　翁伟. 基于赵州桥勘察研究结果探析石拱桥的建造技术及特点 [D]. 北京：北京建筑大学，2016.

[103]　吴礼冠. 图像中国古代桥梁 [M]. 北京：中国建筑工业出版社，2011.

[104]　吴星原. 天坛声学现象与回音建筑形制布局关系研究 [D]. 哈尔滨：黑龙江大学，2014.

[105]　肖晔. 中国古代城墙墙体防排水措施初探 [J]. 建筑与文化，2019(5):64-65.

[106]　徐广源. 对清东陵裕陵地宫棺位问题的探讨 [J]. 文物春秋，2005(3):11-13.

[107]　徐广源. 裕陵地宫洞开始末 [J]. 紫禁城，2003(3):16-21.

[108]　徐吉军. 中国丧葬史 [M]. 武汉：武汉大学出版社，2012.

[109]　许宏. 春秋战国时期城市的形态及其社会意义 [J]. 中国城墙，2018(00):16-32.

[110]　闫凯. 北京太庙建筑研究 [D]. 天津：天津大学，2004.

[111]　杨波. 浅谈唐代帝王陵墓建筑艺术 [J]. 新西部（下半月），2008(1):176,182.

[112]　杨道明. 中国美术全集·建筑艺术篇：陵墓建筑 [M]. 北京：中国建筑工业出版社，2004.

[113]　杨鸿勋. 宫殿考古通论 [M]. 北京：紫禁城出版社，2001.

[114]　杨宽，苏启刚，聂玉海. 中国陵墓制度的变迁 [J]. 安阳师专学报，1983(Z1):1-5.

[115]　杨宽. 中国古代陵寝制度的起源及其演变 [J]. 复旦学报（社会科学版），1981(5):59-68.

[116]　姚良达，肖治权，余鸿图，等. 古桥建筑文化与五音桥的修复研究 [J]. 工程技术研究，2016,2(6):240-241.

[117]　业祖润. 北京民居 [M]. 北京：中国建筑工业出版社，2012.

[118]　叶骁军. 中国墓葬历史图鉴 [M]. 兰州：甘肃文化出版社，1994.

[119] 叶骁军.北魏平城都城宫室之制及其渊源影响研究[J].三门峡职业技术学院学报,2011,10(2):38-43.

[120] 伊铭.《良渚古城综合研究报告》简介[J].考古,2019(10): 105.

[121] 俞文光,吕厚均,周克超.天坛声学现象的新发现——对话石声学现象[J].中国科学基金,1996(1):61-63.

[122] 岳忠厚.北京天坛声学现象研究的突破性进展——揭开著名回音现象的形成机理发现奇妙的"对话石"现象[J].现代物理知识,1996(1):7-8.

[123] 臧公秀.《考工记·匠人》"匠人营国"的实践性问题[J].古籍整理研究学刊,2018(6): 72-77.

[124] 张春琳.活态遗产桥梁的价值及其评价研究[D].武汉:华中科技大学,2018.

[125] 张丹.斗栱艺术与结构机能演变历史的研究[D].哈尔滨:东北林业大学,2005.

[126] 张东方.现代桥梁设计技术创新[J].四川水泥,2018(10):20-20.

[127] 张鹏.寺观园林空间分析研究——以山西永祚寺、解州关帝庙和永乐宫为例[D].晋中:山西农业大学,2016.

[128] 张强.关帝庙建筑的布局及其空间形态分析——以山西省境内现存的关帝庙为例[D].太原:太原理工大学,2006.

[129] 张睿祥.麦积山石窟北朝至隋窟檐建筑的初步研究[D].兰州:兰州大学,2015.

[130] 张亚军.云南古桥建筑特征探析[D].昆明:昆明理工大学,2008.

[131] 张杨.桥梁模型试验在宋金时期浮桥建造中的应用[J].长安大学学报(社会科学版),2010(2):45-48.

[132] 张逸芳.中国城墙预防性保护研究探索[D].北京:北京建筑大学,2019.

[133] 张驭寰.中国城池史[J].中华建设,2019(9):180.

[134] 赵宾福,白玉川.从居址到墓地:红山文化牛河梁遗址的时代变迁与功能转变[J].辽宁师范大学学报(社会科学版),2016,39(2): 132-139.

[135] 白佐民,邵俊仪.中国美术全集:坛庙建筑[M].北京:中国建筑工业出版社,2004.

[136] 杨道明.中国美术全集:陵墓建筑[M].北京:中国建筑工业出版社,2004.